Michael Wahler

Predigten aus Franken

Michael Wahler

Predigten aus Franken

Fromm Verlag

Impressum / Imprint
Bibliografische Information der Deutschen Nationalbibliothek: Die Deutsche Nationalbibliothek verzeichnet diese Publikation in der Deutschen Nationalbibliografie; detaillierte bibliografische Daten sind im Internet über http://dnb.d-nb.de abrufbar.

Bibliographic information published by the Deutsche Nationalbibliothek: The Deutsche Nationalbibliothek lists this publication in the Deutsche Nationalbibliografie; detailed bibliographic data are available in the Internet at http://dnb.d-nb.de.

Coverbild / Cover image: www.ingimage.com

Verlag / Publisher:
Fromm Verlag
ist ein Imprint der / is a trademark of
OmniScriptum GmbH & Co. KG
Heinrich-Böcking-Str. 6-8, 66121 Saarbrücken, Deutschland / Germany
Email: info@frommverlag.de

Herstellung: siehe letzte Seite /
Printed at: see last page
ISBN: 978-3-8416-0555-9

INHALTSVERZEICHNIS

Einleitung 3

Advents- und Weihnachtszeit:

1. Adventssonntag 5
2. Adventssonntag 8
3. Adventssonntag 11
4. Adventssonntag 14

Heiliger Abend 16

Hl. Stephanus 19

Neujahr (Ökumenischer Gottesdienst) 21

Epiphanie 26

Fasten- und Osterzeit:

Aschermittwoch 28

4. Fastensonntag 31

Palmsonntag 35

Karfreitag 37

2. Sonntag in der Osterzeit 39

4. Sonntag in der Osterzeit 42

6. Sonntag in der Osterzeit 46

Pfingstsonntag 49

Zeit im Jahreskreis:

7. Sonntag im Jahreskreis (Büttenpredigt) 51

Dreifaltigkeitssonntag 54

18. Sonntag im Jahreskreis 57

19. Sonntag im Jahreskreis 61

20. Sonntag im Jahreskreis 65

Herren- und Heiligenfeste:

Darstellung des Herrn (2. Februar) 69

Hochfest Maria, Patrona Bavariae (1. Mai) 71

Hochfest der Frankenapostel Kilian, Kolonat und Totnan (8. Juli) 73

Aufnahme Marias in den Himmel (15. August) 76

EINLEITUNG

"Schon wieder eine Predigtsammlung!?" So werden Sie vielleicht denken, liebe Leserinnen und Leser, wenn Sie dieses "Manuskript" in Händen halten. Denn trotz modernster Technik liegt eine echte Handarbeit vor, da die einzelnen Ansprachen erst schriftlich konzipiert und dann in den PC eingegeben wurden. Und auch inhaltlich meist selbstgestrickt - auch wenn ich manche Anregungen aus dem Laacher Messbuch 2014 entnommen habe.

Doch wie komme ich - als Diakon mit Zivilberuf - überhaupt zu so vielen Ansprachen im Laufe eines Kirchenjahres? Und warum sind die meisten Predigten für Wort-Gottes-Feiern vorgesehen?

Zunächst einige Sätze zu meiner Person: Ich bin 61 Jahre alt, zölibatär lebend, beruflich Richter am Amtsgericht und Diakon in den Pfarreiengemeinschaften Schonungen und Marktsteinach (Diözese Würzburg), weiterhin Vorsitzender der Arbeitsgemeinschaft christlicher Kirchen in Schweinfurt, Mitglied im Bundesvorstand der KAB Deutschlands und im Zentralkomitee der deutschen Katholiken.

Dann wenige Sätze zur Situation der beiden Pfarreiengemeinschaften: Diese werden seit dem 1. Adventssonntag 2013 von Pastoralteam geleitet, das aus dem Pfarrer, einem promovierenden Vikar aus Indien, zwei hauptberuflichen Diakonen (einer zur Hälfte) und mir besteht. Die beiden Pfarreiengemeinschaften umfassen sechs selbständige Pfarreien und drei Filialen; die Katholikenzahl beträgt ca. 5000, wobei auch die politische Gemeinde und die evangelisch-lutherische Pfarrgemeinde in etwa deckungsgleich sind.

Und schließlich die Frage nach den Wort-Gottes-Feiern: In der Diözese Würzburg und in beiden Pfarreiengemeinschaften gibt es seit Jahrzehnten Wort-Gottes-Feiern an Sonn- und Feiertagen (mit regelmäßiger Kommunionspendung), die unter Berücksichtigung von zwei Priestern und acht Gottesdiensten am Wochenende notwendig sind; an Feiertagen können es auch mehr sein. Deshalb also die relativ hohe Zahl von Ansprachen im Rahmen von Wort-Gottes-Feiern.

Liebe Schwestern und Brüder (abschließend möchte ich Sie so nennen), die gesammelten Predigten seit dem Start des neuen Pastoralteams mögen dazu beitragen, praxisbezogene Ansprachen zum "Wort des lebendigen Gottes" zu ermöglichen.

Dr. Michael Wahler
Diakon

Ansprache EF/WGF 1. Adventssonntag 2013

Advent heißt „Ankunft" - eigentlich eine Binsenweisheit. Dorothee Sölle fragte einmal, ob Jesus wie ein Eisenbahnzug in den Bahnhof einfahren und halten würde, unabhängig davon, ob am Bahnsteig jemand mit klopfendem Herzen warten würde oder nicht. Und sie gibt die Antwort: „Zum Advent gehören Wartende. Stünde niemand an Jesu Bahnsteig, so würde sein Zug durchfahren, ohne Rücksicht auf den kirchlichen Fahrplan." Die Ankunft Gottes ist natürlich unabhängig von unserem Tun - aber nicht unabhängig von unserer Haltung. Denn Gott liebt wache Menschen - wach in den verschiedenen Bedeutungen dieses Begriffes. Also - liebe Schwestern und Brüder - aufgepasst, der Predigtschlaf kann auf später verschoben werden!

1. Physische und psychische Wachzustände:

Was sagt uns eigentlich die Medizin zum Thema „Wachsein"? Ist es nur das Gegenteil von Schlafen - oder gibt es verschiedene Stadien und Stufen, die ja auch beim Tiefschlaf oder leichtem Einnicken sehr unterschiedlich sind? So kennen wir auch unterschiedliche Stufen der Wachsamkeit - vom Relaxen oder Chillen, wie man heute sagt, über den normalen Tagesablauf bis zu besonderer Aufmerksamkeit beim Beobachten oder Ausspähen. Und ähnlich ist es mit der psychischen Situation: da reicht das Spektrum von voller Konzentration auf einen Sachverhalt bis zum Berieseln durch verschiedenste Umwelteinflüsse.

So gibt es allein bei den körperlichen und geistigen Fähigkeiten differenzierte Wachzustände - doch fordert uns das heutige Evangelium recht deutlich auf, wach zu bleiben, da sonst der Dieb einbricht und alles mitnimmt, während der Herr des Hauses ruhig schlummert. Deshalb ist allein schon aus menschlichen Gesichtspunkten heraus Wachsamkeit eine Tugend, die für das Zusammenleben der Menschen von Bedeutung ist. Wie viel mehr dann im religiösen Sinn?

2. Spirituelle Wachsamkeit:

Was sind „wache Menschen" im spirituellen Sinn? Ein Blick auf die Zweite Lesung kann dabei helfen - denn Paulus schreibt recht eindrücklich an die Römer: „Die Stunde ist gekommen, aufzustehen vom Schlaf. Die Nacht ist vorgerückt, der Tag ist nahe." Was heißt das? Sagt nicht der Volksmund: „wer schläft, sündigt nicht"? Aber wollen wir tatsächlich unser Leben verschlafen? Eine ruhige Nacht kann ja mit höchster Aktivität einhergehen und von Erfolgen gekrönt sein. Und auch im wachen Zustand kann man das Leben versäumen, vor allem den Anruf Gottes und die Beziehung zum Mitmenschen. Was charakterisiert also den spirituell wachen Menschen? Maßvoll leben, das Gewicht der Dinge kennen, nicht versklaven und sich nicht versklaven lassen, vertrauensvoll und friedfertig gesinnt sein - das sind nur einige Beispiele, die einen solchen Menschen auszeichnen. Und dann wird die Nacht tatsächlich zum Tag! Geht das auch etwas konkreter?

3. Vorbilder gelungener Wachsamkeit:

Auch hier hilft die Betrachtung der heutigen Schrifttexte - die Perikope aus Jesaja, die wir in der Ersten Lesung gehört haben, nennt die wundervolle Verwandlung von martialischem Kriegsgerät in zivile Produktionsmittel: „Dann schmieden sie Pflugscharen aus ihren Schwertern und Winzermesser aus ihren Lanzen." Das sind die Menschen, die Gottes Weisung verstanden haben, die Frieden statt Krieg wählen, die zum Berg Zion wallen - und die dafür die Ankunft Gottes mit bereitem Herzen erwarten, also hellwach für die Erfüllung der Vision des Jesaja sind. Und heute? Wache Menschen sind für mich diejenigen, die sich für wirtschaftliche und gesellschaftliche Fragen interessieren und sich dabei nicht auf einseitige Informationen der Medien verlassen - das sind diejenigen, die oft versteckte Not in ihrer Nachbarschaft entdecken und zu lindern helfen - das sind diejenigen, die bei rassistischen und antisemitischen Äußerungen klar Stellung beziehen - und das sind diejenigen, die die Barmherzigkeit Gottes über so manche dogmatische oder moralische Vorschrift stellen. Und wache Menschen sind auch diejenigen, die neuen Seelsorgern nicht mit Vorurteilen begegnen, sondern mit Offenheit und Zuversicht bei ihren ersten Gehversuchen begleiten.

Liebe Schwestern und Brüder,
„Bitte aufwachen" - die Ansprache ist gleich vorbei! In einem Gedicht, das am Schluss stehen soll, wird das Gesagte noch einmal zusammengefasst:

- Wecke uns auf, Herr, aus dem Schlaf der Sicherheit und Bequemlichkeit.
- Wecke uns auf, Herr, zu Sensibilität für die Nöte der Welt.
- Wecke uns auf, Herr, aus unserer Trägheit, in der wir sagen: Da kann man nichts machen.
- Wecke uns auf, Herr, zur Kreativität für eine Zivilisation der Liebe.
- Wecke uns auf, Herr, zur Bereitschaft, uns einzusetzen und beherzt zu handeln.
- Aber, Herr, wecke uns auch auf aus dem Trugschluss, dass alles in unserer Macht und Hand läge. Rufe uns, Herr, auf den Weg deiner Gerechtigkeit.
- Locke uns, Herr, zum Horizont der Überraschungen, die du für uns und die Welt bereithältst.

Ansprache EF 2. Adventssonntag 2013 Hausen/Mainberg/Schonungen

„Kehrt um! Denn das Himmelreich ist nahe!" Ist schon Aschermittwoch, so kurz vor Weihnachten, liebe Schwestern und Brüder? So könnte man sich vielleicht fragen, wenn man das heutige Evangelium hört. Und dieser asketische Johannes - passt der nicht besser in die Fastenzeit als in die Wochen der Weihnachtsmärkte mit Glühwein- und Lebkuchenduft? Nun ja - der wilde Honig könnte ja eine Parallele sein. Doch denken wir einmal einige Jahrzehnte zurück: Da war der Advent tatsächlich Fastenzeit - und begann bereits nach dem Fest der Heiligen Katharina am 25. November, woraus sich die Tradition der Kathreinstänze ableitete. Das hat sich gewaltig geändert - mit dem einzigen Unterschied, dass nach Halloween bereits die geschäftliche Hochsaison mit „Süßer die Kassen nie klingeln..." beginnt. Ist da heute wieder so ein Johannes nötig - der mit drastischen Worten zur Busse und Umkehr auffordert - und zu dem trotzdem die Menschen in großer Zahl kommen?

Nun - so mancher freikirchliche Prediger in den USA und in Lateinamerika hat diesen Zulauf - wenn auch im Unterschied zu Johannes dem Täufer oft auch ein großes Kollektenergebnis. Und das markiert den Unterschied: bei Johannes sind Lehre und Leben eine Einheit - wie auch bei Jesus selbst. Und da gibt es noch viel mehr Parallelen, die den Täufer zu einem wahren Vorläufer des Herrn machen. Und diese möchte ich in den folgenden Ausführungen ein wenig näher betrachten, da sie alle etwas mit dem Begriff der „Umkehr" zu tun haben.

Beginnen wir mit einem kurzen Blick auf die Lebensgeschichte der beiden Protagonisten: Beide werden unter wundersamen Umständen gezeugt und geboren - beide leben einige Jahrzehnte völlig unerkannt ein schlichtes Leben - beide erfahren in der Wüste ihre Berufung - beide sammeln Jünger um sich - beide leben in sehr bescheidenen Verhältnissen, obdachlos und auf die Hilfe anderer Menschen angewiesen - beide predigen mit ungeheurer Kraft und Wirkung - beide legen sich mit den politischen und religiösen Autoritäten an - und beide sterben einen gewaltsamen Tod. Sind das nicht genügend Parallelen? Aber es gibt auch einige gravierende Unterschiede: während Johannes in vielem dem wort- und tatkräftigen Propheten Elija gleicht, einem widerborstigen und manchmal auch gewalttätigen Menschen, so ist Jesus von einer unendlichen Liebe zu allen Geschöpfen beseelt, die sich durch barmherzige Worte und Taten ausdrückt. Und wenn Johannes zur Umkehr aufruft und die Busstaufe spendet, so verkündet Jesus die unmittelbare Zusage Gottes mit den Worten: „das Reich Gottes ist da", d.h. es hat bereits mit der Ankunft Jesu begonnen - und wird nicht auf ferne Zeiten verschoben. Und Jesus tauft mit Feuer und Heiligem Geist, d.h. er wäscht nicht nur das Böse mit Wasser ab, sondern entzündet das Feuer im Menschen, das zum Guten und zur Liebe befähigt, und schenkt ihm den Geist Gottes, der im Menschen die Hingabe zu Gott und zum Nächsten weckt.

Und doch: Johannes der Täufer ist nach Jesu Worten der Größte unter allen Menschen - der einzige Prophet, der den Bund Jahwes mit seinem Volk Israel in der Vollendung sieht - und gleichzeitig auf den bereits erschienenen Messias hinweist. Er steht genau in der Fülle der Zeiten - am Scharnier, das Erstes und Neues Testament verbindet. Und deshalb ist auch der Ruf zur Umkehr ein prägendes gemeinsames Zeichen des Vorläufers und des Erlösers - und damit eine Aufforderung gerade auch an uns. Das hat Bedeutung für Politik und Gesellschaft, für Diözesen und Pfarrgemeinden, für Verbände und Familien, aber auch für jeden einzelnen von uns. Konkrete Beispiele gefällig?

Da verkündet eine neue bayerische Sozialministerin, dass Asylbewerber nicht mehr Essenspakete, sondern eine Geldzahlung erhalten sollen - da wird bisher übliche Bestechung bei Auslandsgeschäften in vielen Firmen als kriminelles Unrecht erkannt

- da werden bischöfliche Stühle, die bisher wie ein verschlossener Klotz wirkten, plötzlich hell und transparent - da werden pastorale Veränderungen, die noch vor zehn Jahren strikt abgelehnt wurden, als notwendige Strukturen für die Zukunft auch in unseren Pfarreiengemeinschaften gesehen - usw.

Sind das nicht alles Zeichen der Umkehr, liebe Schwestern und Brüder? Deshalb war der Advent einst eine Zeit des Fastens und Besinnens - deshalb können wir auch heute noch sagen: „Moment - mal: Umkehr"! Denn die Heilsbotschaft Jesu - sein Evangelium - wirkt auch heute noch...

Ansprache EF/WGF 3. Adventssonntag 2013
PG St. Sebastian am Main

„Es war einmal..." - beginnen nicht so alle Märchen, liebe Schwestern und Brüder? Ja, es war einmal ein Diakonatsbewerber, gegen dessen Weihe so manche Briefe an das Bischöfliche Ordinariat in Würzburg geschrieben wurden - und Sie können sich sicherlich vorstellen, wer damit gemeint war. Fast 25 Jahre her - und doch ein typisches Beispiel für das sogenannte Prophetenschicksal, das sogar Jesus erwähnt, als er aus Nazareth vertrieben wird: „Kein Prophet wird in seiner Heimat anerkannt!" Und über dieses Geschehen, das fast alle Propheten des Ersten Testamentes - und damit auch Johannes der Täufer als deren letzter und größter - erlebt und erlitten hatten, möchte ich heute etwas nachdenken.

Was charakterisiert also den typischen Propheten? Berufen von Gott - erst nach manchem Widerstreben bereit - gereift in asketischer Einsamkeit - Verkünder des Wortes Gottes, nicht der eigenen Erfahrung - wirkmächtiges Handeln - Phasen der Erfolglosigkeit und Verzweiflung - Konflikte mit der herrschenden Klasse, vor allem Königshof, Beamtentum, Priesterkaste, Händlern und Großgrundbesitzern - Vertreibung und Verfolgung, ja sogar den Tod wegen der von Gott gegebenen Aufträge und Botschaften. Und diese Beschreibung passt auch ganz sicher auf viele uns bekannte Propheten - und vor allem auf Johannes und Jesus selbst!

Es gäbe natürlich viele Anknüpfungspunkte, die Vergleiche über das Schicksal eines Propheten damals und heute ermöglichen würden. Ich beschränke mich auf die Bilder, die Jesus im Evangelium selbst gebraucht: das Schilfrohr, das im Wind schwankt - der fein gekleidete Mann im Palast des Königs - ein Prophet, der als Bote des Messias bezeichnet wird. Was haben diese Bilder gemeinsam? Es geht um die Geradlinigkeit und Unbeugsamkeit des Täufers, eines herben Mannes, der ohne

Heuchelei seine Botschaft ausgerichtet hat und jedem Stand, groß oder klein, ins Gewissen geredet hat. Dieser Prophet „hängt seinen Mantel nicht nach dem Wind", wie es ein schönes Sprichwort sagt, und vertritt nicht heute diese und morgen die gegenteilige Auffassung. Heutige Gegenbeispiele gibt es genug: von „Drehhofer" über manchen Kurienbischof bis zu Investmentbankern. Doch wie steht es mit unserem eigenen Verhalten und Kurs bei starkem Gegenwind?

Das ist wohl eine Kernfrage jeder menschlichen Existenz: gibt es für mich Werte und Normen, an denen ich mein Leben ausrichte? Oder wurstele ich mich so durch - immer bereit, den eigenen Vorteil zu suchen - und dabei andere Menschen auszunutzen oder gar zu verletzen? Denke ich nur am mein eigenes Wohlergehen - und bejahe deshalb auch die schlimmsten Auswüchse des Turbokapitalismus unserer Tage? Nehme ich auch Ignoranz und Verhöhnung in Kauf, wenn ich mich als „Christ" oute? Sie sehen, liebe Schwestern und Brüder, eigentlich könnte diese Fragerei als Bußgottesdienst durchgehen - und das am Sonntag „Gaudete!" - „Freut euch!"

Und wie steht es bei mir selbst? Ich möchte mich nicht als „Eiche im Sturm" bezeichnen - trotz einer gewissen Standfestigkeit. Und ich halte auch nicht viel von Grundsatzdebatten, Rechthaberei und fehlender Kompromissfähigkeit, dafür umso mehr von diplomatischem Vorgehen, Anpassungsfähigkeit und Verzicht auf lautstarke Werbung. Natürlich gibt es Werte, die nicht verhandelbar sind - aber anders als bei Koalitionsgesprächen muss man diese nicht auf dem offenen Markt ausbreiten. Beispiele gefällig? Der ökumenische Gottesdienst jährlich im Zusammenhang mit dem Eine-Welt-Laden findet zwar am sonntäglichen Vormittag statt, ohne dass eine Genehmigung eingeholt wird - aber er wird nicht in der Gottesdienstordnung hervorgehoben oder in die Presse lanciert - im Übrigen ist ja am Samstag eine Eucharistiefeier. Auch Wort-Gottes-Feiern finden regelmäßig statt, auch mit Kommunionspendung - unabhängig von der bischöflichen Stimmungslage, die ja im letzten Hirtenbrief die Form der Wertschätzung annahm. Und auch im beruflichen Bereich bin ich ein bisschen stolz darauf, dass ich bisher zwei Befangenheitsanträge von Rechtsanwälten erhalten habe - im Gegensatz zu vielen anderen Gerichtsstandorten scheint da Schweinfurt eine „Insel der Seligen" zu sein, was eben auf ein geschmeidiges Vorgehen schließen lässt.

„Moment - mal: Vorzeichen"! Wo sind wir da jetzt gelandet, liebe Schwestern und Brüder? Die Standhaftigkeit eines Johannes des Täufers ist beeindruckend - er ist die personifizierte Botschaft Gottes, dass der Vater den Sohn zu uns Menschen senden will - er ist der Leuchtturm, der uns daran erinnert bei allem menschlichen Anpassen und Taktieren nicht zu vergessen, dass es Glaubenssätze und Werte gibt, für die man Verleumdung und Verfolgung ertragen kann.

Und eine Schlussbemerkung sei mir am Sonntag „Gaudete" gestattet: als ich im Sommer unseren emeritierten Bischof Paul-Werner Scheele zusammen mit Bischof Friedhelm Hofmann in Würzburg zufällig traf und auf unsere Vakanz hinwies, meinte Paul-Werner, ich sei „doch ein stabiler Turm in unserer Gegend"- mit Johannes dem Täufer will ich mich da lieber nicht vergleichen...

Ansprache EF/WGF 4. Adventssonntag Schonungen

Lieben Sie es, liebe Schwestern und Brüder, schnelle Entscheidungen zu treffen - oder wägen Sie lieber ab und entscheiden sich erst nach eingehender Prüfung? Oder fällt es Ihnen sogar schwer, überhaupt Entscheidungen zu treffen? Entscheiden Sie lieber allein - oder in der Gruppe, im Team - nach der bekannten Abkürzung: „toll, ein anderer macht's"? Und in vergangenen Jahrzehnten hieß dieser Spruch: „wenn man nicht mehr weiterweiß, bildet man 'nen Arbeitskreis".

Warum diese Einleitung? Nun, wie Sie schon am Anfang dieses Gottesdienstes erfahren haben, geht es heute um Entscheidungen - wie es uns die Schrifttexte näherbringen. Gott selbst übernimmt diese Aufgabe, nachdem der König Ahas sich weigert, ein himmlisches Zeichen zu erbitten - und der Verweis auf die Jungfrau, die einen Sohn gebären wird, der den Namen „Immanuel" erhält, ist die uns bekannte Ankündigung der Menschwerdung Jesu. Der Apostel Paulus hat ebenfalls eine radikale Entscheidung getroffen, als er zum Jünger Jesu wurde - und in den einleitenden Versen des Römerbriefes verweist er auf seine Berufung und Auserwählung, alle Heiden zum Gehorsam des Glaubens zu führen, was auch von den Bekehrten eine klare Entscheidung verlangt. Und das Evangelium, das zeitlich dazwischenliegt, berichtet von der Entscheidung des Josef, seine Braut Maria nicht zu verlassen, sondern den ihm im Traum gebotenen Auftrag zu erfüllen. „Moment - mal: Entscheidung"!

Und damit sind wir bei der aktuellen Situation in unserer Pfarreiengemeinschaft: Nachdem Pfarrer Andreas Heck als Pfarradministrator ab 1.12.2013 bei uns wirkt und der mitarbeitende Priester Arul Stephen Kulandai sich auch schon bekannt gemacht hat, gibt es zu Beginn des neuen Jahres die absolut notwendige Verstärkung durch zwei Diakone: Frank Menig und Georg Kirchner. Sie werden sich bei der Begegnung nach dem Ökumenischen Gottesdienst am 1.1.2014 um 17.00 h in der evangelischen Pfarrkirche vorstellen, so dass ich bereits jetzt dazu einladen möchte. Die genaue Aufgabenverteilung wird noch später bekanntgegeben - an dieser Stelle kann nur ganz grob erwähnt werden, dass Diakon Menig sich um Kinder, Jugendliche und Familien kümmert, während Diakon Kirchner sich um Kranke, Senioren und Besuchsdienste besonders bemüht, zumal er ja noch eine halbe Stelle in der Regionalaltenheimseelsorge hat (da fällt mir sofort die kommende Pflegeeinrichtung ein). Und was bleibt mir übrig? Verbände, Ökumene, Liturgie - das sind die Gebiete, die ich weiter betreue. Und diese Aufgabenteilung gilt für beide Pfarreiengemeinschaften - was auch für unsere beiden Priester gilt.

Aber was wäre das ganze Seelsorgerteam ohne die Mitarbeit so vieler ehrenamtlicher Helferinnen und Helfer! Und ich sehe auch keinen Grund zum Jammern, dass so viele der Kirche den Rücken kehren -denn die Zahl der Weihnachtsgeschenke für alle Mitarbeiterinnen und Mitarbeiter in unserer PG übersteigt deutlich die Zahl 200. Trotzdem darf ich Sie alle herzlich bitten, auch weiterhin diese Aufgaben durchzuführen - und im Blick auf die Pfarrgemeinderatswahlen im Februar 2014 zu kandidieren, damit die Vertretungen der einzelnen Pfarrgemeinden auch im Gemeinsamen Pastoralausschuss eine Rückbindung haben und zahlreiche örtliche Aufgaben erfüllt werden können.

Liebe Schwestern und Brüder, heute soll die Ansprache besonders kurz sein, da schließlich Weihnachten vor der Tür steht. Doch um Entscheidungen auch sinnvoll überlegen zu können, braucht es etwas Zeit und Ruhe. Deshalb hören wir jetzt ein meditatives Stück mit Saxophon und Orgel...

Ansprache WGF Heilige Nacht 2013 Hausen

„Mach's wie Gott! Werde Mensch!" Klingt das nicht nach einem coolen Spruch, von Kreativen getextet und von einer Agentur promotet, liebe Schwestern und Brüder? Ja, Mensch werden - meint das nun den Beginn des Lebens - oder die ganze Lebenszeit? Und was für Menschen sollen wir werden - es laufen doch genug Ausbeuter, Betrüger und Gewaltherrscher herum? Wie sollte denn der ideale Mensch beschaffen sein? Wie der Menschensohn, den wir als unseren Bruder anreden können, da wir ja nach Gottes Ebenbild geschaffen sind?

Fragen über Fragen - trotzdem will ich eine Antwort versuchen, ausgehend von der Inkarnation Jesu, seiner Menschwerdung, bis zum jetzigen Zeitpunkt, in dem wir uns selbst fragen müssen, welche Art von Menschen wir sind - und wie wir beschaffen sein sollten. Wirklich ein großer Spannungsbogen - und von weihnachtlicher Idylle weit entfernt!

1. Menschwerdung - historisch?

„Inkarnation" - der lateinische Begriff, der meist mit Menschwerdung übersetzt wird, meint wörtlich „in das Fleisch kommen" - dazu fällt uns bestimmt der Vers aus dem Großen Glaubensbekenntnis ein: „et incarnatus est" - „hat Fleisch angenommen". Ein ungeheuerlicher Vorgang, der in keiner anderen Religion so vorkommt und der in den ersten christlichen Jahrhunderten auch umstritten war, bis das Konzil von Nicäa eine eindeutige Formulierung fand. Gott selbst nimmt menschliches Fleisch an und wird von einer Frau geboren - er lebt als „wahrer Mensch und wahrer Gott", wie es ein etwas späteres Konzil festlegt. Inkarnation meint also volles Menschsein - mit den Bedürfnissen, Freuden und Leiden - und auch mit manchen Schwächen. Inkarnation - das steht für eine Geburt unter ärmlichen Verhältnissen, auf dem Weg in die Geburtsstadt des Josef, da der römische Kaiser Augustus einen Zensus, eine

Volkszählung, angeordnet hatte, um die Steuerlasten noch mehr zu erhöhen und die gedemütigte Bevölkerung Judäas noch weiter ausbeuten zu können. Inkarnation - d.h. als ganz junges Leben auf der Flucht mit Asyl in Ägypten, Obdachlosigkeit als vagabundierender Rabbi und schließlich der schmähliche Tod am Kreuz. Inkarnation - das ist aber auch der Beginn des Reiches Gottes, das bis heute noch nicht vollendet ist, aber sich immer mehr auf dieser Welt verbreiten sollte. Wie sähe wohl heute eine solche „Menschwerdung" aus?

2. Menschwerdung - idealiter?

Ja, wie sähe ein solcher Mensch in Idealbesetzung aus, liebe Schwestern und Brüder? Man könnte meinen, diese Frage wäre einfach zu beantworten - nämlich ein guter, weiser und gerechter Mensch, der freigebig und barmherzig ist - also eine Mischung aus Franz von Assisi, Mutter Teresa und Martin Luther King? Da sieht man schon, dass diese Frage gar nicht so leicht zu beantworten ist. Ist der ideale Mensch eine Art Soft-Guru - oder eine Persönlichkeit mit Ecken und Kanten? Erscheint er wie eine Lichtgestalt in der Gesellschaft - oder zählt er zu den Ausgegrenzten der modernen Welt? Da erkennt man rasch, dass es doch nicht so leicht ist, den idealen Menschen zu beschreiben oder gar zu finden. Aber selbst Jesus wurste, dass seine Jüngerinnen und Jünger nicht „Unschuldslämmer" waren, so wie viele ihrer Nachfolgerinnen und Nachfolger, die wir heute als „Heilige" verehren. „Menschwerdung" - gibt es die denn in unserer Wirklichkeit?

3. Menschwerdung - realiter?

Und damit sind wir mitten in unserer aktuellen Gesellschaft - gibt es denn Menschen, die diesem menschgewordenen Sohn Gottes wenigstens ein wenig ähneln? Da kann ich nur ein deutliches „Ja" aussprechen! Warum das? Es geht hier nicht um große Vorbilder - so nötig die sein mögen - sondern um jeden von uns. Denn jeder von uns kann die Barmherzigkeit und Menschenfreundlichkeit unseres Gottes zu seinem

Fleisch gewordenen Sohn ausdrücken, in dem er sich den Bedürftigen aller Art zuwendet! Erst damit werden wir selbst zu Menschen nach dem Ebenbild Gottes, der bekanntlich in den Geringsten unserer Schwestern und Brüder zu erkennen ist. Wie sich das auswirken kann? Ein ganz aktuelles Beispiel möchte ich jetzt vorstellen!

4. Menschwerdung - lokal?

Ja, liebe Schwestern und Brüder, ich meine die Situation in unserer Pfarreiengemeinschaft. Gibt es denn nicht viele Befürchtungen, wenn der zuständige Pfarrer nicht mehr vor Ort wohnt und eine Vielzahl von Seelsorgern für fast die ganze Großgemeinde zuständig ist? Da kann ich schon verstehen, dass solche Veränderungen Unruhe und Furcht auslösen. So kommt es eben auf die Art und Weise an, wie das Seelsorgerteam damit umgeht. Seelsorge hat ja zunächst den einzelnen Menschen im Focus - pastorales Handeln gilt dem Individuum wie auch kleineren oder größeren Gruppen. Menschwerdung hat hier die Bedeutung eines grundsätzlichen Verständnisses des Nächsten oder Fernsten als Geschöpf und Ebenbild Gottes. Mit dieser Feststellung, so glaube ich fest, kann und wird auch die neue Situation gestaltet werden können.

Liebe Schwestern und Brüder,

Inkarnation - Menschwerdung - das feiern wir heute in dieser Heiligen Nacht. Und ich wünsche mir und Ihnen allen, dass die Gnade des neugeborenen Sohnes Gottes uns alle dazu führt, Mensch für unsere Umwelt zu werden - wie ich eingangs erwähnt habe:

„Mach's wie Gott. Werde Mensch!"

Ansprache WGF Hl. Stephanus 2013 Schonungen/Mainberg

„...und sie steinigten ihn." - Woran denken Sie, liebe Schwestern und Brüder, wenn Sie in der Lesung von Stephanus hören, der einer Lynchjustiz zum Opfer fiel - als erster christlicher Märtyrer um das Jahr 40 nach Christus? Vermutlich fallen Ihnen Presseberichte über arabische Staaten ein, in denen die Steinigung noch als mögliche Form der Hinrichtung nach dem Gesetz der Scharia möglich ist. Was hat dieses Thema aber mit dem Weihnachtsfest zu tun, das wir erst gestern gefeiert haben? Ich will heute nicht die bekannten Zusammenhänge von „Hosianna" und „Kreuziget ihn" bemühen, sondern ein wenig nachspüren, welche Redewendungen es mit dem Begriff „Stein" so alles gibt. Und das sind bei der ersten Recherche schon annähernd vierzig!

Stein - ein Begriff, den wir alle seit frühester Kindheit kennen, den wir in der Natur ständig finden, der aber auch unsere Bauten zusammenhält. Stein - ein Begriff, der nicht nur die geometrische Form, sondern auch im übertragenen Sinn mit „fest, hart, verschlossen" assoziiert wird. Stein - ein Begriff, der Fundamente begründet, aber auch für radikale Veränderungen steht. Fürwahr eine ganz breite Deutungsmöglichkeit des Begriffes „Stein"!

Einige Zitate gefällig? „den ersten Stein werfen" - „den Stein ins Rollen bringen" - „ein Tropfen auf den heißen Stein" - „jeden Stein umdrehen" - „Stein des Anstoßes" - „steinreich" - „Stolperstein" - „Herz aus Stein" - usw. Dabei fällt mir auf, dass die meisten Sprüche einen negativen Charakter haben - was sicherlich der Festigkeit und Haltbarkeit zu verdanken ist. Steine sind selten romantisch - mit Ausnahme von Edelsteinen natürlich. Wozu also Stein-Meditationen?

Ich glaube, dass man auch dem Stein eine positive Sicht geben kann, wenn man vor allem seine Stabilität sich vor Augen hält. Und damit wären wir wieder bei

Stephanus, der von dem „Neuen Weg", wie die Jüngerinnen und Jünger Jesu in der Urkirche zuerst genannt wurden, so begeistert war, dass er zu einem Verkünder und mitreißenden Prediger der Botschaft Jesu vom beginnenden Reich Gottes wurde und deshalb sich gegen die Verfechter von Thora und Tempel gerade unter den Juden aus der Diaspora deutlich zur Wehr setzte. Diese Glaubensüberzeugung beruht auf einem sicheren Fundament, quasi wie in Stein gehauen, das Stephanus dazu drängt, mit der Hilfe des Geistes Gottes das Evangelium Christi zu verbreiten. Darauf schwor er Stein und Bein - und wurde zu einem Stein des Anstoßes - wie sein verehrter Meister auch.

Konsequenzen für uns? Da wird uns wohl zunächst ein Stein vom Herzen fallen, wenn wir nicht in eine so gefährliche Situation wie Stephanus geraten können. Trotzdem müssen wir auch den Stein ins Rollen bringen, der sich „Neuevangelisierung" nennt - und da können wir gleich vor Ort beginnen - denn die Ängste und Sorgen der Menschen sind nur einen Steinwurf entfernt. Und wer sich dazu aufraffen kann, sich im Sinne von Papst Franziskus um die Nöte der Mitmenschen zu kümmern, erfüllt das Sprichwort: „steter Tropfen höhlt den Stein". Das ist das genaue Gegenteil zu dem Lieblingsgegenstand des Teufels - nämlich der „langen Bank", auf der man alles Unangenehme doch so wunderbar schieben kann. Stephanus ist da ein leuchtendes Vorbild!

Liebe Schwestern und Brüder,
wer von uns möchte „steinreich" sein - wenn es sich um Nierensteine oder Steinkulturen im Vorgarten handelt? Wenn wir aber die Botschaft Jesu als einen leuchtenden Edelstein verstehen, dann können wir damit einen Meilenstein markieren - so wie es Stephanus getan hat, als er entsprechend dem Vorbild Jesu für seine Verfolger gebetet hat: „...Herr, rechne ihnen diese Sünde nicht an!" Bringen wir also diesen Edelstein ins Rollen...

Ansprache Ökumenischer Gottesdienst Neujahr 2014 Schonungen

Liebe Schwestern und Brüder im Herrn,
als ich gestern in zwei Wort-Gottes-Feiern zum Jahresschluss über die Gegenwart Jesu in der Eucharistie und in jedem notleidenden Menschen gesprochen habe, erlaubte ich mir den Hinweis auf den heutigen Ökumenischen Gottesdienst zum Jahresanfang hier in der evangelischen Christusgemeinde mit den Worten: „Fortsetzung folgt...". Auch wenn Sie die gestrige Ansprache nicht gehört haben, dürfte es nicht schwerfallen, die aktuelle Predigt nachzuvollziehen. Denn der gegenwärtige Herr Jesus Christus ist es ja, der Brücken zwischen den Abgründen des Lebens baut und „der die Brücke ist zwischen Himmel und Erde, Gott und Mensch, Zeit und Ewigkeit", wie es das Gebet zum Katholikentag 2014 in Regensburg formuliert, das wir Ihnen am Schluss des Gottesdienstes mitgeben. „Mit Christus Brücken bauen" - so lautet das Motto des kommenden Katholikentages - und die Stadt Regensburg mit der Steinernen Brücke, die auf der alten Römerbrücke lastet, ist für dieses Thema prädestiniert - wobei es mit Einbeziehung der Autobahnbrücken tatsächlich sieben Brücken sind, die die Donau überqueren - und dazu passt ganz
- genau der folgende Song von Peter Maffay:

Einspielen: „Über sieben Brücken musst du geh'n"

Was kann uns dieses Lied sagen? Neben dem tröstlichen Refrain kommen immer wieder Gegensatzpaare zu Wort wie z.B. Ruhe und Hast, kalt und heiß, Fernweh und Heimatgefühl. Und diese Gegensätze brauchen eine Verbindung, einen Zusammenschluss, eine Brücke! Und damit sind wir beim Thema des kommenden Katholikentages „Mit Christus Brücken bauen". Wie geht das? Betrachten wir zunächst die Aussagen von Lesung und Evangelium!

Der Abschnitt aus dem Jakobusbrief beschreibt Menschen, die gute Geschäfte machen und viel Geld verdienen wollen, dabei aber völlig vergessen, dass nicht sie der Herr über Leben und Tod sind, sondern Gott; außerdem wird darauf hingewiesen, dass derjenige sich schuldig macht, der sich der Nächstenliebe verweigert, obwohl er die notwendigen Mittel und ausreichend Zeit hat. So warnt diese Perikope vor Selbstüberschätzung und Überheblichkeit, denn unser ganzes Planen und Wirken kann im nächsten Augenblick völlig vergeblich sein. Dann ist eine Brücke zu Gott dringend nötig - und die ist mit Jesus, dem Mittler zwischen Himmel und Erde, gegeben.

Das Lukasevangelium beschreibt das erste öffentliche Auftreten Jesu - und zwar in Nazareth, seiner Heimatstadt. In der Synagoge liest er bewegende Worte des Propheten Jesaja, die wir erst vor kurzem in der Adventszeit gehört haben: Arme erhalten eine frohe Botschaft, Gefangene werden freigelassen, Blinde sehen und Misshandelte erhalten die Freiheit - und es wird ein Jubeljahr des Herrn ausgerufen, das in Israel alle 50 Jahre stattfand und die Befreiung von aller Schuldknechtschaft mit sich brachte. Und Jesus spricht diese Worte mit Autorität, denn der Geist Gottes hat von ihm Besitz ergriffen und er wurde vom allmächtigen Gott gesalbt und bevollmächtigt, also wie ein Prophet oder König des Ersten Testamentes. Jesus betont ausdrücklich, dass sich dieses Prophetenwort in ihm erfüllt hat, er also der gesalbte Messias ist, der die Brücke zwischen Gott und Mensch schließen will.

Damit sind wir wieder beim Brückenbauen angelangt! Und das möchte ich jetzt in sieben Gedankenschritten vertiefen, wobei ich auch das Vorbereitungsgebet zum Katholikentag mit einbeziehe - und am Schluss Erkenntnisse und Folgerungen für ökumenische Zusammenarbeit und das Zusammenwachsen der beiden Pfarreiengemeinschaften jeweils ziehen möchte.

1. Brücke: „Jesus - der einzige Weg zum Vater"

Wie spricht Jesus von sich selbst? „Ich bin der Weg, die Wahrheit und das Leben. Niemand kommt zum Vater außer durch mich." Eine eindeutige Aussage - kein Mensch, keine politische oder religiöse Autorität, nicht einmal ein Heiliger ist die Brücke zu Gott, nur der Menschensohn Jesus Christus. Und damit ist der Bezug zum Jakobusbrief gegeben, der ja ausdrücklich vor Überheblichkeit warnt, deren Steigerung sich in der Vorstellung, selbst Gott zu sein, manifestiert. Erste Erkenntnis: Auf dem Teppich bleiben! Erste Folgerung: Seelsorger sind nur Gottes Bodenpersonal!

2. Brücke: „Jesus - Mittler der göttlichen Liebe"

Wenn Jesus der einzige Weg zum Vater ist, dann gibt es auch eine umgekehrte Richtung: die grenzenlose Liebe des Vaters zu allen Menschen strömt über seinen Sohn ganz besonders zu den Ausgegrenzten - so wie es das Lukasevangelium mit Bezug auf den Propheten Jesaja beschreibt - mit Jesu Auftreten ist die Fülle der Zeit angebrochen und die Frohe Botschaft vom Reich Gottes verbreitet sich. Und dieser Strom kann nur über Menschen, die von Gottes Barmherzigkeit berührt sind, weiterfließen. Zweite Erkenntnis: Entscheidend ist die Motivation! Zweite Folgerung: Gottes Barmherzigkeit braucht engagierte Zeugen!

3. Brücke: „Jesus - Sieger über den Tod"

Was wir jedes Jahr an Ostern feiern, ist die Auferstehung Jesu, der am Holz des Kreuzes den Tod besiegt hat und so die Brücke vom Tod zum Leben geschaffen hat. Das klingt zunächst nach ewigem Leben - das kann aber auch auf unser irdisches Dasein bezogen werden, wenn wir unter dem Tod nicht nur das körperliche Sterben, sondern alle Formen der Verzweiflung und des seelischen Leidens mit einbeziehen.
Dann braucht der Mensch den Beistand und die Hilfe zur Bewältigung dieses psychischen Todes - was wiederum nur durch engagierte Mitmenschen erfolgen

kann, wie ich es schon bei der 2. Brücke ausgedrückt habe, die ihre eigene Befähigung letztlich auf Jesus zurückführen. Dritte Erkenntnis: Nicht aufgeben! Dritte Folgerung: Erfolg ist keine Kategorie Gottes!

4. Brücke: „Jesus - Botschafter des Lebens in Fülle"

Ein etwas heikles Thema - auch wenn Jesus ausdrücklich das Leben in Fülle allen Menschen verkündet hat. Und damit meinte er eben, dass mit seinem Kommen das Reich Gottes und dieses Leben in Fülle bereits begonnen hat - und nicht erst am Sankt-Nimmerleins-Tag anfängt. Lediglich die Vollendung des Reiches Gottes ist mit dem Ende der Zeiten verbunden. Trotzdem heißt das auch für uns, die schon viele materielle Güter in großer Menge besitzen, dass eben auch den Menschen innerhalb und außerhalb unseres Kontinents nicht nur Almosen zugewiesen werden dürfen. Vierte Erkenntnis: Klotzen statt kleckern! Vierte Folgerung: Nächstenliebe ist mehr als genormte Sozialhilfe!

5. Brücke: „Jesus - Bote des geschichtlichen Gottes"

Nicht immer ist es leicht, zu erkennen, welche konkrete Situation und welche aktuelle Reaktion notwendig sind, um das Richtige zu tun. Da aber Gott schon im Ersten Testament als ein mitgehender und damit geschichtlicher Gott verstanden wird, ist es auch heute nötig, die „Zeichen der Zeit" zu erkennen und danach zu handeln. Und da müssen viele Vorurteile abgebaut werden - damit neues Vertrauen entstehen kann. Fünfte Erkenntnis: Prüfet alles, das Gute bewahrt! Fünfte Folgerung: Offen sein für neue Entwicklungen in Gesellschaft und Konfessionen!

6. Brücke: „Jesus - Garant christlicher Hoffnung"

Ein Sprichwort sagt: „Die Hoffnung stirbt zuletzt". Das ist ein guter christlicher Ansatz für viele Formen von Trauer und Angst, der aber auch ein gesundes Selbstvertrauen und eine enge Beziehung zu unserem Gott verlangt. Hoffnung erzeugt Mut für die Zukunft und fördert aktives Tun. Und Jesus garantiert uns tatsächlich den Urgrund dieser christlichen Hoffnung, die Einheit zwischen dem Vater, dem Sohn und dem Geist. Sechste Erkenntnis: Vertrauen schafft Hoffnung! Sechste Folgerung: Immer zuerst das Positive im anderen Menschen sehen!

7. Brücke: „Jesus - Fundament tätiger Liebe"

Nun ist die Brücke fast gebaut - und ihr Grundstein ist Jesus selbst, der „Baustein, den die Bauleute verworfen haben, der aber zum Eckstein geworden ist" - wie es der Psalmist ausdrückt. Mit diesem Fundament gelingt es uns, das rechte Wort und die helfende Tat zu vollbringen, so dass wir dem Beispiel Jesu folgen können. Siebte Erkenntnis: Vergiss nie deine Wurzeln! Siebte Folgerung: Grundlage für alles Handeln ist die Frohe Botschaft!

Ja, liebe Schwestern und Brüder, sieben Brücken sind im Bauen, wenn wir diese Erkenntnisse und Folgerungen beherzigen. Und wir können damit schon heute beginnen oder bereits Bestehendes fortsetzen - ich denke dabei vor allem - wie schon erwähnt - an die Brücken zwischen den katholischen und evangelischen Gemeinden, aber auch zwischen unseren beiden Pfarreiengemeinschaften und zwischen dem neuen Pastoralteam und Ihnen allen, die heute hier sind - natürlich auch mit denjenigen, die fern von uns sind - im doppelten Sinn des Wortes.

Einer der Titel, die der Papst trägt, heißt „Pontifex maximus", d.h. „oberster Brückenbauer". Hoffen wir alle, unabhängig von der Konfession, dass Papst Franziskus diese Aufgabe erfüllen kann - aber sicher nur dann, wenn wir alle im ökumenischen Geist dabei kräftig mit bauen. Deshalb zum Abschluss noch einmal der tröstliche Song von Peter Maffay: „Über sieben Brücken musst du geh'n"

Ansprache WGF Epiphanie 2014 Forst

Eure Majestäten, liebe Schwestern und Brüder!
Doch keine schlechte Anrede für unsere Könige, die heute als Sternsinger unterwegs sind - und gleich-zeitig ein gehöriger Abstand zwischen Königen und dem einfachen Volk, wie es in der Geschichte einen ständigen Gegensatz von Herrschenden und Untertanen gab. Dieses Thema beschäftigt uns auch heute noch - wohl weniger im Unterschied von Adel und Bevölkerung, aber genauso zwischen Reichen und Armen, Politikern und Bürgern, Klerus und Laien, usw. Das entscheidende Merkmal der Unterscheidung ist die Exklusivität der Herrschenden, die im Wortsinn das gemeine Volk ausschließen und ausgrenzen. Und darum geht es auch in den heutigen Schrifttexten, die alle davon sprechen, dass der Messias auch zu den Heiden, d.h. zu allen Völkern, gesandt ist - und damit die besondere Hervorhebung des Volkes Israel, die das Erste Testament durchzieht, beendet - leger gesagt: die Auserwählung Israels geht baden! Was bedeutet das für uns?

Zunächst einmal möchte ich die einzelnen Schrifttexte etwas genauer betrachten: In der Ersten Lesung jubelt der Prophet Jesaja über die Verheißung Gottes, dass der Tempel in Jerusalem und die ganze Stadt nicht nur zu einem Ziel der Wallfahrt für die Israeliten werden, sondern dass alle Völker sich auf den Weg nach Jerusalem machen. Und das gilt auch für das Volk Israel, das sich ebenfalls auf den Weg machen muss - vor allem können die Juden in der Diaspora zurückkehren. Und das Ganze wird ein Freuden- und Triumphzug mit reichen Gaben, die die Pilger mitbringen. Damit ist die Exklusivität des Volkes Israel beseitigt, ohne dass der Bund Gottes mit seinem Volk gebrochen wäre. Die Zweite Lesung verweist auf das besondere Anliegen des Völkerapostels Paulus, der die Offenbarung des Geistes Gottes hervorhebt - dass nämlich die Heiden Miterben Christi sind und „an derselben Verheißung in Christus Jesus teilhaben durch das Evangelium". Und dieses - die

Frohe Botschaft nach Matthäus - bezeugt, dass zu dem neugeborenen Kind auch Weisen aus dem Morgenland kommen und es anbeten, also schon darin ein sehr deutlicher Hinweis auf die Erwählung aller Menschen enthalten ist. Exklusivität gehört überhaupt nicht zu Jesu Botschaft - denn er wendet sich ja ganz besonders den Ausgegrenzten zu. Und wir?

Damit sind wir wieder bei der Lieblingsmelodie unseres Papstes Franziskus, der sich gerade den aus-gegrenzten Menschen besonders nahe fühlt. Deshalb will ich den Blick auf unsere Sternsinger werfen, die ja gerade keine exklusive Gruppe sein will - sie gehen ja zu allen Haushalten, egal ob evangelisch, katholisch oder anders gestrickt, sie sammeln nicht für sich, sondern für Menschen in Not und Leid, die weltweit mit Ihrer Spende unterstützt werden, auch wenn immer ein Land besonders hervorgehoben wird wie 2014 Malawi im Osten Afrikas. Sie vertreten genau die Aussagen der heutigen Schrifttexte, dass der Heilsplan Gottes keine Auserwählten kennt, sondern allen Menschen gilt. Hoffentlich erreicht dieser Gedanke auch unsere Politiker und Oberhirten - denn Ausgrenzung war und ist immer noch ein beliebtes Mittel zur Ausübung von Herrschaft und Macht!

Liebe Schwestern und Brüder,
belassen wir es bei diesen Feststellungen - schließlich wollen unsere Sternsinger ja bald mit dem Sammeln anfangen. Ich wünsche allen, die sich zu diesem Dienst bereiterklärt haben, ob als Aktive oder im Hintergrund, Zufriedenheit mit dieser Aufgabe und sage dafür ein herzliches Vergelt's Gott! Und für uns alle gäbe es ja heute sogar eine gewisse Exklusivität: bitte nur ausgesuchte, d.h. exklusive Scheine in die Büchsen geben...

Ansprache Aschermittwoch 2014 Hausen

Lied: "Herr, ich bin dein Eigentum" (GL 435)
Wollen wir das wirklich, was wir soeben gesungen haben, liebe Schwestern und Brüder? Gottes Eigentum sein - und nicht unser eigener Herr? Das kratzt schon gewaltig am Ego und vermindert unsere Selbstherrlichkeit! Noch einmal die Frage: wollen wir das wirklich?

Betrachten wir doch einmal die Entstehungsgeschichte und die Inhalte dieses Liedes, das zu den neuen Gesängen gehört, die in den Stammteil des neuen Gotteslobs aufgenommen wurden. Denn dieses Lied ist über einen Zeitraum von fast zweihundert Jahren entstanden. Die erste Strophe schrieb im Jahr 1774 der evangelische Hofprediger Balthasar Münter - die zweite wurde durch den bekannten katholischen Laientheologen Georg Thurmair 1963 getextet - und die beiden letzten Strophen wurden kurz nach dem Zweiten Weltkrieg geschaffen, wobei die Verfasser nicht bekannt sind. Die Melodie reicht sogar bis 1694 zurück - sie entstand in Dresden. Allein diese Aufzählung zeigt schon an, wie unterschiedlich die Menschen, die an diesem Lied gearbeitet haben, gewesen sein müssen - ebenso die Zeiten und Umstände, in denen sie gelebt und geglaubt haben. Und dennoch haben sie bei aller Unterscheidung etwas, das sie verbindet. Es ist eine gemeinsame Erfahrung, die ihr Leben geprägt hat - und sie heißt: Gott ist treu.

Was bedeutet das konkret? Ich kann mich in allem, was mir in meinem Leben widerfahren mag, darauf verlassen, dass Gott mir nahe ist. Ich vertraue ihm mein ganzes Leben und auch mein Sterben an. Er wird mich immer führen. Und am Ende wird er mich nach Hause führen, dorthin, wo mich nichts mehr von ihm trennt. Und diese Erfahrung verbindet die drei unterschiedlichen Menschen, die dieses Lied des Gottvertrauens gemeinsam geschrieben haben. Doch sind sie nicht die einzigen, nicht die ersten und nicht die letzten, die aus dem Gottvertrauen leben. Sie stehen in einer langen Reihe, die bis in die Zeit des Ersten Testaments zurückreicht, denn auch damals wurde von der Liebe und Treue Gottes, von seiner Verlässlichkeit, gesungen. Und auch die Psalmen sind eine Sammlung geistlicher Volkslieder, nicht aus einem Guss, nicht von einem Einzelnen ersonnen, sondern nach und nach entstanden als Gebetsschatz und Liederbuch des Volkes Israel.

Und was besagen diese Strophen? Da ist zunächst die Urerfahrung, dass wir alle - damals wie heute - unterwegs sind, solange wir leben - also das Lebensgefühl haben, noch nicht am Ziel zu sein. Wie heißt es im Psalm 39: "Ich bin ein Gast bei dir, ein Fremdling wie all meine Väter"? Und der Hebraeerbrief verkündet: "Wir haben hier keine bleibende Stadt, sondern die zukünftige suchen wir". Das wird noch verdeutlicht durch den Glauben der Christen, der im Lied wie folgt ausgedrückt ist: "Dass ich dann fröhlich kann / dir am End der Zeiten, / Herr, entgegen schreiten." Wir kennen unser Ziel - den wiederkommenden Christus, dem wir auf allen unseren Wegen durch das irdische Leben voll Hoffnung und Erwartung entgegengehen. Deshalb klingt in diesem Lied auch die Verheißung der großen Propheten an - wie bei Jesaja: "Ich habe dich eingezeichnet in meine Hände" - oder bei Jeremia: "mit ewiger Liebe habe ich dich geliebt". Dieser Liebeserklärung Gottes dürfen wir trauen, auch nach Jahrhunderten, denn sie gilt für uns genauso wie für die Menschen damals.

Warum dieses Lied an Aschermittwoch? Es spricht nicht von Sünde und Busse - aber es steckt den großen Rahmen ab, in dem sich der geschichtliche Gott bewegt - über Jahrtausende hinweg. Deshalb passt es so gut zum Bild des wandernden Volks Gottes, das im Zweiten Vatikanischen Konzil als Bild der gesamten Kirche geprägt wurde. Dieses Bild ist auch in unserer heutigen Situation unverändert gültig - denn es beschreibt die schwierige Situation unserer Kirche ganz genau: Wanderungen können sehr lange dauern - aber sie haben auch ein Ziel, mag es noch so weit entfernt sein.

Wanderungen können Wunderbares erfahren lassen, aber genauso Zeiten der Einsamkeit, der herben Verluste, großer Not, ja sogar des Todes sein. Und doch bleibt das Vertrauen auf Gottes Treue und Führung bestimmend, wenn es aus dem Glauben gedeutet und in der Liebe verwirklicht wird.

Und damit sind wir bei dem übergreifenden Thema der österlichen Bußzeit und der Heiligen Woche in diesem Jahr. Wir wandern sozusagen von Aschermittwoch bis Ostern - und nehmen dabei das Motto des kommenden Katholikentages in Regensburg auf "Mit Christus Brücken bauen!" Denn er ist die Brücke zwischen Vergangenheit und Gegenwart, Schuld und Neuanfang, Schein und Sein. Warum gerade die letzte Brücke? Das heutige Evangelium ist da recht deutlich: Es geht Jesus nicht um die buchstabengetreue Erfüllung verschiedener Gebote - es geht ihm um den Sinn hinter der äußeren Handlung, die sogar im Verborgenen bleiben kann. "Schein-Christen" sind also nicht gefragt - denn die innere Haltung ist entscheidend! Sonst ist alles Beten, Fasten und Spenden nur eitles Tun, das dem treuen Gott, dessen Eigentum wir sind, zuwider ist.

Liebe Schwestern und Brüder,
versuchen wir also in der kommenden österlichen Bußzeit unser Tun mit unserer inneren Einstellung in Einklang zu bringen - und Jesus dabei als die Brücke, die einzige Verbindung zwischen Selbstbetrug und echtem Gottvertrauen, zu sehen. Brücke zu sein, Brücken zu bauen, erfordert oft Standfestigkeit und Belastbarkeit - doch wenn wir uns als Gottes Eigentum betrachten, ist damit nicht Sklaven- oder Frondienst verbunden, sondern die Annahme als Kinder Gottes und Miterben Christi! Gott ist treu - selbst wenn wir untreu geworden sind - und er bleibt es immer, denn er kann sich nicht selbst verleugnen, wie es der Apostel Paulus ausgedrückt hat. Es liegt also nur an uns, entsprechend zu handeln. Dann können auch wir "am Ende der Zeiten fröhlich dem Herrn entgegen schreiten"! Amen.

Predigt 4. Fastensonntag 2014 Schonungen

Was bedeutet uns die Nacht, auch die um eine Stunde verkürzte vergangene, liebe Schwestern und Brüder? Mit Nacht verbinden wir Dunkelheit und Nöte, aber auch Ruhe und Raum für Träume. Die Nacht bringt die Zeit der Einsamkeit, der Gottesferne, aber auch der Gottesbegegnung ins Wort. Mit dem gerade gesungenen neuen Lied im GL „Hört das Lied der finstern Nacht" nimmt uns der Autor und Komponist Anger hinein in die Nacht der Passion - trotzdem passt dieses Lied auch zum heutigen Evangelium, in dem es ja auch um Blindheit, Licht und Verblendung geht. Betrachten wir die einzelnen Strophen genauer, wobei vor allem auffällt, dass die Strophen 2-5 jeweils für eine Person und ihr jeweiliges Agieren stehen.

<u>1. Einführende Gedanken:</u>

Die erste Liedstrophe nennt Nacht und Sünde als Grund für die Passion Jesu. Die Geschichte ist fern - vor rund zweitausend Jahren - und doch nah - wie an jedem Karfreitag eines Jahres. Nacht ist hier bedrohlich, dunkel und kalt - und sie ist doch auch die Nacht der Stärkung. Die Nacht verbindet alle Geschehnisse der Passion und der handelnden Personen - alle werden in ihrer Gottferne beschrieben - alle wenden sich von Jesus ab - oder bekämpfen ihn direkt. Wer sind die wesentlichen Personen?

<u>2. Nachtgestalten:</u>

Zunächst wird der Verräter Judas genannt - er nahm den Bissen Brot. den ihm Jesus reichte, und ging in die Nacht hinaus. Aber der Meister hindert ihn nicht - er fordert ihn sogar auf, das zu tun, was er beabsichtigt, um den Willen des Vaters zu erfüllen.
Die angsterfüllten Jünger sind die Protagonisten in der dritten Strophe. Die lassen Jesus im Stich, sie halten nicht zu ihm, weil sie es nicht mehr aushalten können. Die Nacht der Gefangennahme macht ihnen Angst - Todesangst. Deshalb verschwinden

sie in der Finsternis der Nacht. Nur Jesus steht im Fackelschein seiner Verfolger - und es ist ein verräterisches Licht, das ihn umgibt.

Und nun Kajaphas: hasserfüllt will er endlich diesen Unruhestifter sterben sehen - und so richtet er mit dem Hohen Rat quasi in einer Nacht- und Nebelaktion den Erlöser der Welt. Jesus geht nicht am Leid der Menschen vorbei - er ist einer von uns, er erfährt am eigenen Leib, was Angst heißt und was Schmerz bedeutet. Sein stilles Leiden wird zu einem lauten Aufschrei gegen Unrecht und Gewalt.

Die fünfte Strophe betrachtet den Superstar der Apostel, den leugnenden Petrus. Wie hat er getönt - und jetzt ist es in seinem Herzen dunkel geworden, dass er nichts sieht, nichts spürt. Das Zeichen des neuen Reiches ist eben nicht der Held mit dem Lorbeerkranz, sondern der gekreuzigte Gottessohn mit der Dornenkrone. Jesus ist nicht der strahlende Sieger, der unberührt über den Leiden der Menschen und unangefochten über seinem eigenen Schicksal steht. Doch es braucht erst den Blick des vorübergehenden Herrn, bis Petrus erkennt und die Nacht in seinem Denken und in seinem Herzen bereut.

<u>3. Zusammenfassender Schluss:</u>

Die sechste und letzte Strophe bringt es auf den Punkt: Jesus stirbt am Kreuz und bricht damit die Finsternis auf, er reißt uns aus dem sicheren Tod. Gerettet sind wir nicht durch die Macht der Mächtigen, sondern durch Jesu Mitleiden und seine Treue bis in den Tod. Gerettet sind wir durch die Liebe, die bis zum Letzten geht. Deshalb taucht die Sünde in dieser Strophe erstmals nicht auf, da die befreiende Erlösung sie von uns weggenommen hat. Die Nacht ist vorbei - Jesus durchbricht auch meine Nacht, er macht mein Leben hell.

So gut - so schön. Doch was kann dieses Lied mir heute sagen?

4. Licht und Dunkel in unserem Leben:

Wir erleben heute viel Licht in unserer Umwelt - manchmal spricht man ja schon davon, dass die unzähligen künstlichen Beleuchtungen unserer Städte und Dörfer eine neue Form der Umweltverschmutzung darstellen. Und man hat manchmal den Eindruck, dass viele Menschen Dunkelheit überhaupt nicht mehr ertragen können. Alles geschieht im gleißenden Licht, alles wird öffentlich bekanntgemacht, alles muss transparent sein - und trotzdem gibt es immer mehr Leichen im Keller, geheime Absprachen und Vertuschungen aller Art - Limburg lässt grüßen! Und sogenannte Lichtgestalten entpuppen sich meist als Blender - Namen aus den vergangenen Wochen erspare ich mir! „Sein und Schein" - das ist bereits an Aschermittwoch angeklungen - und es beherrscht auch die ganze österliche Bußzeit.

Unser Herr Jesus Christus hat mit seinem Leiden und Sterben die ganze Dunkelheit der Sünde und des Todes bezwungen - er ist das Licht, das wir am Ostermorgen wieder besingen. Und wie er dem Blinden das Augenlicht wieder geschenkt hat, und damit auch die Erkenntnis des Messias, so bleibt doch immer noch die Verblendung, das Nicht-Sehen-Wollen der Schriftgelehrten. Jesus will uns auch heute das bereits begonnene, aber noch nicht vollendete Reich Gottes aufleuchten lassen!
Noch ein wenig konkreter, liebe Schwestern und Brüder?

5. Konsequenzen:

Eigentlich ganz einfach - und doch wieder sehr schwer! Licht in die Dunkelheit anderer Menschen, aber auch unserer Gesellschaft zu bringen, klingt zunächst nicht besonders aufregend. Aber damit sind wir bei der Frage nach der Wahrheit, die schon Pilatus gestellt hat - und diese Wahrheit wollen doch viele Menschen gar nicht mehr sehen - oder gar danach handeln. Denn es zählt nicht die Wirklichkeit, sondern die oft selbst erzeugte oder von der medialen Umwelt geschaffene Verblendung. Doch es geht auch anders! Bringen wir nicht Licht in die Dunkelheit eines einsamen alten

Menschen, wenn wir ihm „eine Stunde Zeit" schenken, wie eine bekannte Aktion in unserer Umgebung heißt? Richten wir nicht einen Suchscheinwerfer auf die zahlreichen Schikanen in unserer Arbeitswelt, wenn wir bei den anstehenden Betriebsratswahlen zumindest dafür sorgen, dass verschiedene Auswüchse vermieden werden? Und können wir nicht auch Brennspiegel der Barmherzigkeit Gottes sein, wenn wir in unserer Kirche endlich den Vorrang der Liebe vor dem der Doktrin begreifen und anwenden?

Liebe Schwestern und Brüder,
schließen möchte ich mit einigen Versen aus dem Prolog des Johannesevangeliums, der früher jede Messfeier als sog. Schlussevangelium beendete und der den gesamten Gedankengang unseres Liedes zusammenfasst: „In ihm war das Leben, und das Leben war das Licht der Menschen. Und das Licht leuchtet in der Finsternis und die Finsternis hat es nicht erfasst. Und das Wort ist Fleisch geworden und hat unter uns gewohnt. Und wir haben seine Herrlichkeit gesehen, die Herrlichkeit des Eingeborenen vom Vater, voll Gnade und Wahrheit."

Ansprache WGF Palmsonntag 2014 Forst

Schon wieder diese absoluten Gegensätze - König und Kreuz -, die gerne zum Predigtthema am Palmsonntag oder am Karfreitag gemacht werden! Und das auch noch in einem neuen Lied, liebe Schwestern und Brüder? Getextet von Friedrich Dörr 1972, aber gesungen nach einer alten Melodie aus dem 16. Jahrhundert, drückt dieses Lied einen Kerngedanken der Passion Jesu aus: die unendliche Liebe des Menschensohns zu allen Menschen trotz aller Sünden und Anfeindungen bis in den Tod hinein. Und das ist ja auch das Revolutionäre an diesem neuen Weg, wie die ersten Christen ihren Glauben an Jesus nannten - keine andere Religion kennt ein solches göttliches Opfer, das zugleich alle Menschen, auch die vielen Nichtglaubenden, von ihren strukturellen und kollektiven Verfehlungen befreit.

Verstehen wir jetzt die romanischen Kreuzesdarstellungen besser, bei denen die Figur des Erlösers nicht als Schmerzensmann, sondern als thronender Herrscher dargestellt wird. „Dieser König auf dem Kreuzesthron" fordert uns deshalb auf, ihm nachzufolgen, auch bei negativen Erfahrungen, in Krankheit und Leid, aber auch in frohen Stunden und bei glücklichen Ereignissen. Das ist nicht leicht - es bedarf natürlich der Hilfe Gottes. Doch diese ist uns zugesagt - und durch Jesu Tod bezeugt. Das wird in diesem Lied besungen - und daran denken wir gerade in der kommenden Heiligen Woche und besonders am Karfreitag.

Liebe Schwestern und Brüder,
diese kurzen Gedanken zum Predigtlied möchte ich abschließen mit den Worten eines Dichters, der auf das Gegensatzpaar „König und Kreuz" abzielt:

- Am Rande eines Weges
- Am Rande eines Weges stehen Menschen, die jubeln, die Palmen streuen und singen. Und doch ist das alles so trügerisch und schwankend, wer weiß, was diese

Menschen noch alles rufen werden?

- Am Rande eines Weges stehen Verräter und untreue Freunde, Spötter und Mitleidende und manche, die es ja immer schon haben kommen sehen.
- Am Rande eines Weges macht man sich lustig und schämt man sich. Manche erziehen das Gesicht und andere kommen zum Glauben.
- Am Ende dieses Weges steht ein leeres Grab.

Ansprache Karfreitag 2014 Hausen

„0 Haupt voll Blut und Wunden..." - welches Passionslied ist wohl in allen christlichen Konfessionen unseres Landes bekannter, liebe Schwestern und Brüder? Wir haben gerade die beiden ersten Strophen gesungen - und ich möchte heute mit Ihnen etwas darüber nachdenken, was dieses Liedes so alles beinhalten.

Beginnen wir mit Autor, Komponist und Erscheinungszeit - wobei ursprünglich der Text aus dem alten Hymnus „Salve caput cruentatum" von Arnulf von Löwen aus dem 13. Jahrhundert stammte. Paul Gerhardt, protestantischer Propst und Lehrer, übersetzte ihn in die deutsche Sprache mit der ihm eigenen Gestaltungskraft im Jahr 1656, also acht Jahre nach dem Ende des Dreißigjährigen Krieges im sog. Westfälischen Frieden von 1648. Die Melodie stammt von Hans Leo Haßler aus dem Jahr 1601 - und wurde in der Folgezeit auch in veränderter Form in großen Chorwerken wie von Johann Sebastian Bach verwendet.

Was waren das aber für Zeiten bei der Entstehung des Textes? Der Dreißigjährige Krieg brachte über Mitteleuropa eine Spur der Verwüstung - in Deutschland halbierte sich die Bevölkerung - und die wirtschaftliche Not wirkte sich noch lange aus. Das Land hatte noch zahlreiche wüste Flächen, Kriegskrüppel und total verarmte Menschen suchten Unterschlupf und Nahrung, und auch die religiöse Spaltung blieb erhalten. Und da entstand dieses sicher traurig anmutende Passionslied, das aber nicht nur die schrecklichen Aspekte des Kreuzestodes Jesu veranschaulicht, sondern auch Bezug nimmt auf die Situation jedes Menschen, der dem Tod geweiht ist und im wahrsten Sinn des Wortes „Todesangst" verspürt. Der leidende Menschensohn wird daher zum Helfer und Erlöser in der eigenen Todesstunde - und deshalb kann ihm sowohl Dank als auch die Bitte um Beistand vorgetragen werden, was ganz besonders die sechste Strophe ausdrückt.

Was könnte diese vielleicht altmodisch erscheinende Deutung für uns hier bedeuten, am Karfreitag des Jahres 2014, liebe Schwestern und Brüder? Zunächst einmal möchte ich die individuelle Sicht betonen, die manchem Menschen es erlaubt, seinen eigenen Tod besser anzunehmen und manche Angst vor dem Sterben zu relativieren. Dieses Lied und die darin ausgedrückten Gedanken haben aber auch einen strukturellen Ansatz, der sich zunächst kaum erschließt. Ich meine damit die „Kultur des Sterbens" in heutiger Zeit - oder besser die vorherrschende „Unkultur"! Sterben und Tod werden verdrängt, schwerkranke Menschen abgeschoben, aktive Sterbehilfe gefördert als verschleierte Form der Reduzierung von Rentenbeziehern und sozial Schwachen. Was können wir, was kann unsere Gesellschaft dagegen tun? Ich möchte nur auf zwei Punkte hinweisen: zum einen ein neues Bewusstsein für ein würdevolles Sterben, zum anderen die Stärkung verschiedener Formen der Trauerbegleitung und der Palliativeinrichtungen. Ansätze gibt es dazu - und in diesem Fall sind die christlichen Kirchen einmal eindeutig Vorreiter.

Liebe Schwestern und Brüder,
schließen möchte ich mit einigen Sätzen aus unserem Passionslied: „Ich danke dir von Herzen, o Jesu, liebster Freund, für deines Todes Schmerzen, da du's so gut gemeint".

Ansprache WGF 2. Sonntag der Osterzeit 2014 Löffelsterz

„Selig sind, die nicht sehen und doch glauben."
Nicht so ganz einfach, das Nichtsehen und doch Glauben, liebe Schwestern und Brüder! Da hatte es der Apostel Thomas doch erheblich leichter - der zweifelnde Jünger, eigentlich ein richtiger Vertreter der Moderne und Postmoderne unserer Zeit. Und dann noch die Seligpreisung - am Vorabend der Heiligsprechung der Päpste Johannes XIII und Johannes Paulus II. Das ist bekanntlich ein Aufstieg in die Erste Liga im Himmel - wenn man die Seligen als die Zweite betrachten will - auch wenn so mancher Zweifler sich negativ zur inflationären Heiligsprechung der vergangenen Päpste geäußert hat.

Das gibt mir heute die Gelegenheit, ein wenig über „Selig" und „Heilig" nachzudenken - auch mit dem kritischen Blick eines Thomaschristen, wenn ich mich heute so nennen darf.

Wer sind denn nun eigentlich die Seligen und Heiligen laut der Heiligen Schrift? Da werden die Armen und Bedrängten aller Zeit in der Bergpredigt als „selig" bezeichnet, ebenso die Jünger Jesu in einzelnen seiner Botschaften und ganz besonders im Hohepriesterlichen Gebet in den Abschiedsreden Jesu nach dem Letzten Abendmahl. Und in den Briefen des Apostels Paulus wird sogar die Anrede verwendet: „Ihr Heiligen von..." - warum nicht von Löffelsterz? Der erste Petrusbrief, den wir in der Zweiten Lesung gehört haben, beschreibt den Verfasser und die Empfänger als „neugeboren" durch die Auferstehung Jesu - und an einer weiteren Stelle als „heiliges Volk und königliches Priestertum". Eigentlich sind alle Christen daher „Selige und Heilige" - was die Kirche ja auch durch das „Hochfest aller Heiligen" am 1. November jeden Jahres ausdrückt.

Warum dann aber Selig- und Heiligsprechungen? Waren es zunächst nur die Märtyrer der ersten Jahrhunderte, die durch ihr Blutzeugnis als Heilige verehrt wurden, kamen in späteren Zeiten auch sog. „Bekenner" zur „Ehre der Altäre", wie man es später oft nannte. Deshalb werden ja auch noch heute Reliquien von Heiligen in jeden konsekrierten Altar eingefügt. Die Zahl der so Verehrten war bis in das Hochmittelalter hinein stark wachsend, wobei eine lokale oder regionale Verehrung oft schon ausreichte. Erst erheblich später zog der Heilige Stuhl alle diese Verfahren an sich, so dass dann ein regelrechter Heiligenkalender entstand. Papst Johannes Paulus II führte so viele Selig- und Heiligsprechungen durch, dass deren Zahl die der vorherigen Jahrtausende fast erreichte. Papst Benedikt XVI reduzierte diese Verfahren und verlagerte die Seligsprechungen in die Ortskirchen - so dass vor einigen Jahren in der Würzburger Kathedrale der Märtyrerpriester Georg Häfner als Seliger promulgiert werden konnte. Doch kann man auch heute noch feststellen, dass der Wunsch einer großen Gruppe solche Verfahren einleiten und beschleunigen können - wie es beim Begräbnis Johannes Paulus II geschah, als die Menge rief: „Santo subito!" - „Sofort Heilig!"

Ja, so wird es nun morgen geschehen! Zwei sehr unterschiedliche Menschen - zwei sehr verschiedene Päpste - und jeder auf seine Weise sicher bedeutend für die katholische Kirche in der ganzen Welt. Einer regierte als „papa buono" - „gütiger Vater" nur etwas über 4 Jahre - und hat mit dem 2. Vatikanischen Konzil so vieles angestoßen und verändert, dass wir es heute noch lange nicht rezipiert haben. Und der andere hatte ein umso längeres Pontifikat - in diesen 26 Jahren entwickelte er die Kirche zu einem Global Player und sich selbst zu einem medialen Star, der das kommunistische System ad absurdum führte, aber auch den Kapitalismus anprangerte - der im internen Bereich dagegen manche Konzilsideen verwässerte und erst mit seiner langen Erkrankung und seinem öffentlichen Sterben viele Menschen erneut beeindruckte.

Aber um nochmals auf die grundlegende Frage einzugehen, warum es überhaupt Selig- und Heiligsprechungen geben muss, wenn doch eigentlich alle christgläubigen Menschen als solche zu betrachten sind, kann ich eigentlich nur die Antwort geben: es geht um Vorbilder und Beispiele für ein christliches Leben, da wir Alltagsmenschen uns gegenseitig wohl kaum als heilig empfinden würden, höchstens als „bier-selig". Und echte Vorbilder sind gefragt - nicht Mega-Stars oder sonstige Idole - gerade in einer Zeit der Beliebigkeit und der sog. „Lichtgestalten", die dann meistens zu einer „kleinen Funzel" werden oder völlig erlöschen.

Liebe Schwestern und Brüder.
ich möchte noch einmal den Eingangssatz dieser Ansprache wiederholen: „Selig sind, die nicht sehen und doch glauben." Ist das nicht unser aller Schicksal? Wir können eigentlich nur glauben, so schwer es fallen mag - da sind dann schon einige besonders bezeugte Heilige, die ja oft auch selbst kantige und nicht immer beliebte Menschen waren, eine Hilfe. Dann kann man auch so manche medialen Phrasen wie „Vier Päpste für ein Halleluja" ertragen - wobei ich so manchem überschwänglichen Reporter die schlichte Frage stellen möchte, ob er die wichtigste Voraussetzung für eine Kanonisierung kennt: „Ab in die Kiste!"

Ansprache WGF 4. Sonntag der Osterzeit 2014 Hausen

„Pastor bonus"- „Der gute Hirte" - klingt doch eigentlich ganz idyllisch, liebe Schwestern und Brüder? Wir kennen zumindest noch Schafherden - werden doch hier in Hausen Schafe gezüchtet und auch auf die Weide getrieben. Bei den meisten Menschen verbindet sich mit den Vorstellungen über einen Hirten meist viel Romantisches, eine Sehnsucht nach Frieden und Harmonie zwischen Mensch und belebter Natur. Dagegen war und ist die Arbeit als Schäfer überhaupt nicht verklärend zu betrachten - vielmehr eine harte und witterungsabhängige Angelegenheit. Doch wurde schon in der Antike Jesus als der gute Hirte oft dargestellt, meist mit einem geschulterten Lamm, eben dem, das er gesucht und gefunden hat.

Am 4. Sonntag der Osterzeit stehen immer die geistlichen Berufe im Mittelpunkt - also die verschiedenen pastoralen Berufsgruppen, wie heute die Priester, Diakone, Pastoral- und Gemeindereferenten und auch die Ordensleute zusammengefasst werden. Und der Ausdruck „Pastoral" kommt von dem lateinischen Wort „Pastor - Hirte" - das ist ja auch die wesentlichste Aufgabe aller pastoralen Dienste - nämlich die Sorge um die Menschen und ihre spirituellen Bedürfnisse - ohne dabei den diakonischen Grundauftrag zu vergessen.

Betrachten wir also den Begriff des „Hirten" in dreifacher Weise: biblisch - kirchengeschichtlich - aktuell!

1. Hirten im Ersten und Neuen Testament:

Neben dem Ackerbau war das Halten von Schaf- und Ziegenherden die Haupterwerbsform im Volk Israel. Diese Aufgabe wurde immer mehr lohnabhängigen Hirten übertragen, die die Herden zu Weideplätzen führen und gegen wilde Tiere schützen mussten. Das spricht auch der Psalm 23, den wir als Antwortpsalm gehört haben, aus: „Der Herr ist mein Hirte, / nichts wird mir fehlen. Er lässt mich lagern auf grünen Auen / und führt mich zum Ruheplatz am Wasser." Neben dieser mehr alltäglichen Beschreibung wurde der König oft auch mit diesem Titel versehen; so war es bei der Erwählung Davids, der von Samuel gesalbt wurde - wie es erneut im Psalm 23 heißt: „Du salbst mein Haupt mit Öl". Und schließlich wird der erwartete Messias-König und dann Gott selbst als wahrer Hirte ganz Israels gepriesen. Jesus Christus sagt dann von sich selbst - wie wir aus dem heutigen Evangelium wissen: „Ich bin der gute Hirt. Ich gebe mein Leben für die Schafe." Dieser Hirte Jesus ist es aber auch, der die vielen führungslosen Menschen lehrt, als er vom Boot aussteigt und sagt: „Sie waren wie Schafe, die keinen Hirten haben". So wird er Paschalamm und rettender Hirte zugleich, wie es in der Ostersequenz heißt: „Das Lamm erlöst die Schafe - Christus, der ohne Schuld war, versöhnte die sündige Welt mit dem Vater"! Was wurde aus diesem Bild des guten Hirten im historischen Rückblick?

2. Hirten, Oberhirten und oberste Hirten - eine Beamtenlaufbahn?

Das Christentum der ersten Jahrhunderte konzentrierte sich auf die städtischen Regionen - und es entwickelte verschiedene Leitungsmodelle. Die ersten christlichen Gemeinschaften sind Abspaltungen von den jüdischen Synagogen, übernehmen jedoch das dortige System der kollegialen Leitung durch einen Rat von sog. Ältesten, die durch Handauflegung in diese Aufgabe eingeführt werden, wie es der Erste Clemensbrief aus dem Jahr 96 beschreibt. Demgegenüber war in der griechisch-römischen Kultur das Modell der Leitung durch einen Vorsteher, dem „episcopus" im Sinne eines Aufsehers oder Inspektors, verbreitet. Beide Leitungsmodelle wurden dann nach der „Traditio Apostolica" aus dem dritten Jahrhundert vereinigt: der Bischof ist Leiter der Gemeinde und wird durch die Presbyter, die die Aufgabe der Ältesten übernehmen, in der Eucharistie, der Agape und der Glaubenslehre unterstützt. Nach der Anerkennung des Christentums durch den römischen Staat wurden die Episkopen zu den Ansprechpartnern der kaiserlichen Verwaltung und dann selbst wie hohe Beamte behandelt; der vom Bischof entsandte Pfarrer leitete die Ortsgemeinde, während das Bischofsamt als sakramentales Leitungsamt ab dem Mittelalter geradezu in Vergessenheit geriet. So konnten sich auch Begriffe wie „Oberhirte" oder gar „oberster Hirte" entwickeln, ein Titel, der dem Papst zugesprochen wurde, aber doch nur auf Jesus selbst bezogen werden darf. Ist das noch das heutige Amtsverständnis?

3. Hirtenamt aktuell - eine Herausforderung:

Wie so vieles andere hat das 2. Vatikanische Konzil hier eine Kehrtwendung um 180 Grad durchgeführt - was nochmals die Heiligsprechung Papst Johannes XXIII rechtfertigt. Der Bischof ist weder Oberpresbyter noch Statthalter des Bischofs von Rom; er hat die Fülle des Weiheamtes und die Aufgabe, vor allem in seiner Diözese Lehrer, Priester und Hirte zu sein. Dieser Leitungsdienst ist eng verbunden mit dem Verkündigungsauftrag, den auch Jesus vor seiner Himmelfahrt den Jüngerinnen und Jüngern gegeben hat: „Geht in alle Welt und lehret alle Völker...". Und selbst das oft gescholtene kirchliche Gesetzbuch spricht davon, dass dieser Verkündigungsauftrag weder dem Bischof noch den ordinierten Amtsträgern, sondern allen Christen zukommt - denken wir z.B. an Katechese, kirchliche Missionstätigkeit, Erziehung in Familie und Schule, Lehre an den Universitäten und die Präsenz in den modernen Medien. Das Hirtenamt ist eben nicht im Sinne einer monarchischen Leitung zu verstehen - Hirte ist jeder, der sich um andere Menschen kümmert und ihnen den Dienst der Nächstenliebe erweist. Deshalb sollten auch kollegiale Leitungsmodelle in unseren Pfarrgemeinden eingeübt werden - und auf diözesaner Ebene synodale Elemente der schon bestehenden Gremien verstärkt werden - was natürlich dann auch eine Anfrage an alle kirchlichen Dienste hervorruft.

Liebe Schwestern und Brüder,

ein Apostolisches Schreiben von Papst Johannes Paul II trägt den Titel „pastores da vobis"- „ich gebe euch Hirten" - gemeint ist natürlich hier Jesus selbst, der die Hirtenaufgabe an seine Apostel und Jünger weitergegeben hat. Wenn gerade wir Seelsorger diesen Dienst wirklich richtig verstehen, dann kann es nur eine wesentliche Aufgabe für uns geben: „Pastor - Hirte" zu sein im Sinne einer aufsuchenden, mitfühlenden und schützenden Hirtensorge. So darf ich auch ein wenig für die Menschen in Hausen „Hirte" sein - aber auch die Mitglieder des Pfarrgemeinderats, die ich nach dem Tauflied verabschieden bzw. einführen kann. Amen.

Ansprache Eucharistiefeier 6. Sonntag der Osterzeit 2014 Hausen

„Es ist der Geist der Wahrheit, den die Welt nicht empfangen kann, weil sie ihn nicht sieht und nicht kennt. Ihr aber kennt ihn, weil er bei euch bleibt und in euch sein wird." (Joh 14, 17)

Manchmal dachte ich in den letzten Wochen an diese Perikope, liebe Schwestern und Brüder, als ich nach den Pfarrgemeinderatswahlen im Februar mit zahlreichen Informationen geradezu bombardiert wurde, was manche Mitchristen in dieser Pfarrgemeinde unter Nächstenliebe verstehen - oder besser missverstehen. Denn da ist es mit dem Geist der Wahrheit nicht so gut bestellt - so als ob er nicht zu allen durchgedrungen wäre. Doch sei die konkrete Anwendung zuerst einmal zurückgestellt - denn eine Homilie soll das Evangelium erläutern und dann für unsere Zeit fruchtbar machen. Vergleichen wir daher die damalige Situation der Jünger vor Kreuz und Auferstehung mit der Zeit nach der Geistsendung, wie es die Apostelgeschichte in der Ersten Lesung beschrieben hat - und dann mit unserer eigenen Situation!

1. „Was ist Wahrheit?"

Die Pilatusfrage während des Verhörs des vorgeführten Jesus, die nur der Evangelist Johannes ausführlich berichtet, ist eigentlich ein altes philosophisches Problem, das aber im alltäglichen Leben von enormer Bedeutung bleibt. Wahrheit - ist das kühler Tatsachenvortrag, wissenschaftlicher Beweis, lautstarke Politikerrede oder engagierte Predigt? Vielleicht von allem etwas - der Kern ist jedoch, dass Informationen nicht zurückgehalten werden, Meinungen als solche erkennbar sind und Emotionen das zuträgliche Maß nicht überschreiten. Und auf die Jüngerinnen und Jünger Jesu angewandt, bedeutet dies, dass ihr Meister und Lehrer ihnen viel Unglaubliches verkündet hat, das sie meist nicht verstanden - weshalb Jesus fast immer in

Gleichnissen sprach. Aber er sagte in seinen Abschiedsreden vor dem Gang zum Garten Gethsemane auch, dass sie seine Worte noch nicht verstehen können - erst dann, wenn der Geist der Wahrheit ihnen deren Sinn offenbart - der Beistand, den sie vor allem nach der Himmelfahrt Jesu im Gebet erwarteten, wie es uns die Apostelgeschichte am kommenden Feiertag berichtet. Was bewirkt aber dieser Geist der Wahrheit?

2. „Spiritus veritatis" - gar etwas Hochprozentiges?

Das schöne Wort „spiritus", das schlicht mit „Geist" übersetzt werden kann, hat natürlich in unserer Sprache einen ganz anderen Klang. Wer denkt da nicht an Hochprozentiges, das ja auch oft mit dem Zusatz „-geist" versehen wird? Und doch - der Geist der Wahrheit ist tatsächlich hochprozentig - auch wenn die reine Wahrheit genauso wenig wie reiner Alkohol immer genießbar ist. Dieser Geist ermöglicht es plötzlich den verzagten Aposteln, kraftvoll aufzutreten und die Botschaft von der Auferstehung Jesu überall zu verkünden, selbst in völlig fremden Sprachen, obwohl die Fischer vom See Genezareth überhaupt keine Bildung hatten. Das ist der Anfang der Kirche, das ist die unbedingte Zusage Jesu, dass der Beistand immer bei seinen Jüngerinnen und Jüngern bleiben wird, das ist die Grundlage unseres heutigen Lebens als Christen in dieser Welt! Haben wir vielleicht diesen Geist weggeschlossen - so wie es der uralte Witz berichtet, nach dem der himmlische Betriebsausflug nach Rom gehen soll, und der Heilige Geist kommentiert: „Da war ich noch nie!"?

3. Wahrheit heute?

Wie steht es um die beschriebene Wahrheit in unserer Zeit? Mediale Verschleierung, politische Inhaltslosigkeit, klerikales Pharisäertum prägen unsere Zeit - und was schon im alten Rom gewirkt hat, nämlich „panem et circenses"- „Brot und Spiele", kann heute vielleicht übersetzt werden mit „Hartz IV und RTL", wobei die Fernsehsender austauschbar sind. Wirkt da noch der Geist der Wahrheit? Sicher nicht immer sichtbar, denn der Mensch kann ihn ja auch ablehnen, aber doch in vielerlei Gestalt. So wie vor 50 Jahren das 2. Vatikanische Konzil durchgeführt wurde, kann man in dem Wirken von Papst Franziskus erneut die Wirkmacht des Geistes Gottes erkennen. Deshalb ist die Wahrheit noch nicht ausgestorben, nur verdunkelt - und wir alle sind aufgerufen, als Zeugen Christi Licht in diese Welt zu bringen, auch in unsere Pfarrgemeinde St. Leonhard Hausen.

Liebe Schwestern und Brüder,
Sie kennen alle das Gefäß, das ich jetzt in der Hand habe - ein Pfefferstreuer! Er soll ein Symbol sein für die gehörte gepfefferte Predigt - er soll aber auch das nun folgende Schreiben begleiten, das sich an alle Pfarrangehörigen richtet - und nach dem Gottesdienst auch im Schaukasten zu lesen ist:

Homilie WGF Pfingstsonntag 2014 Waldsachsen/Löffelsterz

Sturm - Feuerzungen - Getöse - Sprechen in fremden Sprachen - reicht das nicht, um Unruhe und Verwirrung zu stiften, liebe Schwestern und Brüder? Und das soll der Geist Gottes bewirkt haben? Wahrlich ein „pneumatischer" Gott, wie es auf Griechisch heißt - in Deutsch übersetzt mit „atmender" oder „wirbelnder" Geist! Also ein Unruhestifter und Blender, der die überlieferten Wahrheiten in Frage stellt und geliebte Traditionen ad absurdum führt? Und das feiern wir noch als Hochfest, als Abschluss der Osterzeit?

Ja, der „spiritus sanctus", der „Heilige Geist", kann die Kirche - und natürlich auch uns - schon ganz schön durcheinanderbringen! Aber das ist ja gerade seine Aufgabe: neuen Atem in die gesättigten Lungen zu bringen, die Kirche zu befähigen, die Zeichen der Zeit zu erkennen, und insgesamt für frischen Wind in starren klerikalen Systemen zu sorgen. Das haben die Jüngerinnen und Jünger an Pfingsten erlebt - das ist auch unsere erste christliche Aufgabe, die Verkündigung der Frohen Botschaft. Und dazu befähigt uns dieser Geist Gottes - wenn wir ihn nur hereinlassen! Das berühmte Fenster im Vatikan, das Johannes XXIII geöffnet haben soll, um frischem Wind den Weg zu bahnen, ist ein gutes Beispiel für die Wirkung des Heiligen Geistes. „Ecco - deshalb"!

Wenn wir heute - 50 Jahre nach dem 2. Vatikanischen Konzil - uns immer wieder erinnern, welche Aufbruchsstimmung damals geherrscht hat, und die Zeit danach mit zahlreichen Rückschritten und neuen Vorschriften betrachten, können wir vielleicht ermessen, was Papst Franziskus für unsere Kirche heute bedeutet. Und da geht es nicht zuerst um einige „katholische Dauerbrenner", sondern um die Art und Weise, wie er den Petrusdienst versteht und ausübt. Da ist erneut Aufbruch zu spüren - wie ich es selbst bei der Weihe des neuen Passauer Bischofs und beim Katholikentag in

Regensburg erleben durfte. Aufbruch findet aber nicht nur auf diözesaner oder weltkirchlicher Ebene statt - er ist genauso nötig im Zusammenwachsen unserer beiden Pfarreiengemeinschaften, was natürlich zunächst Furcht und Resignation auslösen kann, aber mit Gottvertrauen die notwendigen Veränderungen als positive Erlebnisse erfahrbar werden können. Könnte das etwas konkreter ausgedrückt werden?

Ja, liebe Schwestern und Brüder, wir haben schon viele Gemeinsamkeiten: das insgesamt zuständige Pastoralteam, der eine Gemeinsame Ausschuss aller Pfarrgemeinderatsvorsitzenden, die einheitlichen Katechesen für Erstkommunion und Firmung, Treffen aller liturgischen Dienste, gemeinsame Gottesdienstordnung, und vieles mehr. Dabei wird es nicht stehenbleiben: ein veränderter „Kirchenbote", die Erweiterung ehrenamtlicher caritativer Dienste oder auch ein gemeinsames Auftreten aller Träger von Kindertagesstätten gegenüber der politischen Gemeinde sind abzusehen. Aber auch spirituelle Komponenten dürfen nicht fehlen: so werden Zeiten der Anbetung wie auch Formen des Bibelgesprächs in den Blick kommen, ebenso Stundengebet und andere liturgische Formen. Damit schließt sich wieder der Kreis: spirituell kommt ja von dem Wort „spiritus" - und meint den Geist Gottes!

Liebe Schwestern und Brüder,
ein altes lateinisches Wort sagt über die Kirche: „ecclesia semper reformanda" - „die Kirche muss sich immer wieder erneuern". Und das geht nur mit dem Beistand des Heiligen Geistes, den wir vor der Homilie besungen haben, und den wir mit dem bekannten Gebet anrufen: „Komm, Heiliger Geist, erfülle die Herzen deiner Gläubigen und entzünde in ihnen das Feuer deiner Liebe!"

Büttenpredigt 2014

Liebe Schwestern, liebe Brüder, das Evangelium habt gehört -
viele Thesen machen müder - ob sich an Jesu Wort man stört?
Denn alles stellt er auf den Kopf - klingt wie ein Besserwisser schon -
wirft kaum was in den gleichen Topf - doch man kann erkennen Grundton.

Betrachten wir dazu ein Beispiel - nämlich Gebot der Nächstenlieb' -
dem Jesus gab ein neues Ziel - das widerstrebt dem Menschentrieb.
Denn man soll lieben auch den Feind - was zugegeben ich kaum kann -
und was erlebt in der Gemeind' - ob da nicht auf Revanche ich sann?

Erinnert sei an Nazareth - denn Jesus wird sehr deutlich dann -
auf Propheten-Los er eingeht - denn Anerkennung finden kann
niemand in seiner Vaterstadt - das ist ja nun ein hartes Wort -
sie wollten ihn ganz machen platt - worauf er ging für immer fort.

Zwei Jahrtausend' sind vergangen - ob sich da was geändert hat?
Gibt's immer noch die falsch'n Schlangen, die gern verleumden - sind eisglatt?
Das musste ich erst jetzt erleb'n - als in Advents- und Weihnachtszeit
ein rund' Programm euch wollte geb'n - doch das ging manchem schon zu weit!

Doch damit Thema ist zu End' - auch wenn's gibt noch viel' Facetten -
denn letztes Jahr bracht' manche Wend - 'konnt' vor Themen mich kaum retten!
Im Januar ging es schon los - denn Thomas laut hat verkündet -
das ansteht Wechsel - richtig groß - in so manch' Problemfeld mündet.

Stelle wurde ausgeschrieben - doch es meldete sich niemand -
Angesproch'ne ausgeblieben - liegt Schonungen denn wohl am Rand?
Zu dem soll doch der Klerus geh'n - so Papst Franziskus deutlich sagt -
sieht man den Heilig' Geist da weh'n? Doch keiner es nach „Schöni" wagt!

Dann im Herbst fühlt' mich verlassen - denn Joachim nach Schweinfurt ging -
bin nicht Hansdampf in all'n Gassen - so ich mit Strategie anfing:
Seidel - der Domkapitular - wurde - wie ich - sechzig Jahre -
deshalb in Würzburg's Dom schnell fahr' - doch was ist Geschenk, das wahre?

Einladung ich dort gern aussprach - zu zelebrier'n an Weihnachten -
doch er dachte: „Gemach! Gemach!" - so musste ich recht lang' warten.
Mitte November dann erlöst - neues Team bekanntgegeben -
wenn vorher manches Schäflein döst - zeigt sich pastorales Leben!

Nun will ich weiten euer'n Blick - Revolution im Heil'gen Rom -
sich Benedikt in Rente schickt - da wackelte schon Petersdom!
Und dann ungewohnt Konklave - ein Argentinier wird gewählt -
auf Balkon er bitt' die Schafe - für ihn zu beten - das ihn stählt!

Franziskus - das ist sein Programm - obwohl zu Jesuiten zählt -
und das gestaltet er sehr stramm - er einfach' Wohnung hat gewählt -
und kleidet sich schon fast zu schlicht - verbietet die Prälatentit'l -
ein großes Auto braucht er nicht - denn Herzlichkeit sein bestes Mitt'l!

K 8 - neuer Kardinalsrat - reformiert die Vatikanbank -
das Gottesvolk fragt in der Tat - moralisch' Norm - da längst schon sank die Akzeptanz - und das weltweit - Bischofssynode aufgewert' -
soziale Fragen uns'rer Zeit - Kernthema - sich um Reich' nicht schert!

Lampedusa - erste Reise - auch uns da juckt das päpstlich' Wort -
Franziskus klärt's auf seine Weise - wir können's tun, wenn sind vor Ort.
Asylbewerber aus manch' Land - vielleicht das werd'n neu' Bewohner
von Limburg's Bausünde und -schand' - nicht wird Protzbischof s Belohner!

Kehr'n wir zurück in uns're Breit'n - auch wir Weltkirch' bald erleben -
das wird den Horizont uns weit'n - denn im Herbst sich Gastspiel geben -
Silverius - Tansania grüßt - aus Indien Stephen ist schon hier -
einst nach Brasilien Georg düst - fehlt nur noch Kiwi - dann wär'n's vier!

Doch eines muss ich noch erzähl'n - geschah im Tal der Ahnungslos'n -
man Pfarrgemeinderat wollt' wähl'n - Bewerbersuch' ging erst in Hos'n!
Doch plötzlich dann: Haus'ner Wunder - sechs Damen - und die alle neu -
die Mienen wurden immer runder - nun an die Arbeit - keine Scheu!

Und damit schließt sich nun der Kreis - so mancher wollt' gern missversteh'n,
dass ich Adventszeit mit viel Fleiß geplant - und war halt auserseh'n,
was Einführung des Teams bedeut` - doch lass' Vergang'nes jetzt auch ruh'n -
manch' Aufreger hat's schon gereut - wir packen's an - genug zu tun!

Ansprache WGF Dreifaltigkeitssonntag 2014
Abersfeld/Marktsteinach

Kennen Sie die drei monotheistischen Religionen, liebe Schwestern und Brüder? Ich meine damit die, welche an nur einen Gott glauben - im Unterschied zum antiken Götterglauben, aber auch zu Hinduismus und Naturreligionen. Judentum, Islam und Christentum - eigentlich eine einfache Sache, was zumindest für die ersten beiden gilt - denn der christliche Glaube spricht zwar ständig von dem einen Gott, gleich in den ersten Worten des Glaubensbekenntnisses, differenziert aber diesen Gott in drei göttliche Personen: Vater, Sohn und Heiliger Geist. Was gilt denn nun? Das heutige Dreifaltigkeitsfest versucht sicherlich, eine Antwort zu finden - letztlich muss aber der menschliche Verstand vor diesem Geheimnis, diesem Mysterium, kapitulieren - was schon viele Theologen vieler Jahrhunderte fast zur Verzweiflung gebracht hat. Trotzdem - die biblischen Lesungen des heutigen Dreifaltigkeitssonntags sollten zumindest eine Ahnung von dem Wesen dieses unerklärlichen Gottes ermöglichen - machen wir uns also auf Spurensuche!

<u>1. Jahwe - der Gott des Mose:</u>

Die Erste Lesung beschreibt uns einen Gott, der von sich selbst sagt: „Jahwe ist ein barmherziger und gnädiger Gott, langmütig, reich an Huld und Treue." Das klingt zunächst einmal sehr fürsorglich und angenehm, vor allem, wenn man die Störrigkeit des Volkes Israel kennt, die Mose direkt anspricht. Doch dieser Gott Jahwe, der sich „Ich-bin-da" nennt, hat wirklich nur Gutes mit seinem Volk vor - er ist ständig bei ihm und begleitet es auf allen seinen Lebenswegen. Was für ein Gott! Und das gilt auch für unser Leben: die Zusage Gottes an die Urväter Abraham, Isaak und Jakob, der Weg durch die Wüste unter der Leitung des Mose, die Verheißungen der Propheten, das alles gilt auch uns heute. Dieses Gottesbild ist ein erster Beziehungsfaden, den wir aufgreifen können; es zeigt uns einen Gott, der kein

Sklavenhalter noch ein Marionettenspieler ist, der die menschliche Freiheit achtet und auch kein Geschäft auf Gegenseitigkeit beabsichtigt. Vergleichen können wir diese Beziehung zwischen Gott und seinem Volk, aber auch mit uns, mit einer innigen Liebe zwischen zwei Menschen; auch hier gibt es keine Freiheitsberaubung noch einen Deal. So können wir feststellen, dass Gott kein einsames Wesen ist, sondern ein Gegenüber braucht - er will schließlich der „Immanuel", der „Gott ist mit uns", sein. Wie ist es dann mit seinem Sohn Jesus Christus?

2. Jesus Christus - menschgewordener Gott:

Die Zweite Lesung aus dem 2. Korintherbrief vermittelt uns den Abschluss dieser Sammlung aus verschiedenen paulinischen Briefen, wobei der Apostel ausdrücklich eine trinitarische Formel wählt, die in der frühen Liturgie der Kirche wohl ihren Ursprung hat. Auch wenn sich der ganze Brief mit vielen drängenden Fragen und Problemen des Urchristentums auseinandersetzt und auch konkrete Ratschläge und Ermahnungen enthält, bleibt doch ein Grundgedanke: einzig und allein aus einer lebendigen Beziehung mit Christus heraus kann das Leben des Menschen gelingen. Das ist der zweite Beziehungsfaden: ohne Jesus, den menschgewordenen Gott, der sich dem Tod unterworfen hat und vom Vater auferweckt wurde, kann das Reich Gottes nicht verwirklicht werden. Wir Menschen können uns natürlich direkt an Gott, den Vater, wenden - aber erst die Erlösung der ganzen Menschheit durch den Sohn Jesus Christus ermöglicht das Leben in Fülle, das mit der Menschwerdung Jesu begann, auch wenn es noch nicht vollendet ist. Warum dann aber noch den Heiligen Geist?

3. Der Heilige Geist - Band der Liebe zwischen Vater und Sohn:

Das Evangelium nach Johannes beschreibt eine Szene, die sich in der Nacht zwischen Jesus und Nikodemus, einem Pharisäer und Mitglied des Hohen Rates, abspielt und in der Jesus wesentliche Sätze über sein Wesen und seine Aufgabe in dieser Welt aussagt und begründet. Und da ist erneut von der unbedingten Liebe des Vaters zu allen Menschen die Rede, da wird das ewige Leben im Sohn verheißen, da wird Jesus nicht als Richter, sondern als Retter der Welt beschrieben. Hier wird ein dritter Beziehungsfaden deutlich: Die Liebe, mit der uns Gott geliebt hat und mit der er uns bis in alle Ewigkeit lieben wird, ist der Heilige Geist, dessen Fest wir vor einer Woche feierten. Liebe ist ein ewiger Wesenszug Gottes - deshalb ist die Trinität, die Dreifaltigkeit, eigentlich nötig, wie es Augustinus beschreibt: da Liebe immer ein Gegenüber braucht, hat der Vater im Sohn das Gegenüber seiner Liebe schon von Ewigkeit her in sich selbst, wobei diese Liebe der Geist Gottes ist. Jesus hat es seinen Jüngerinnen und Jüngern selbst geoffenbart, als er in seinen Abschiedsreden sagte: „Alle sollen meine Herrlichkeit sehen, die du mir gegeben hast, weil du mich schon geliebt hast vor der Erschaffung der Welt."

Liebe Schwestern und Brüder,
ein gewaltiges Stück Theorie, wenn auch nur eine Spurensuche! In den drei Beziehungsfäden können wir vielleicht erahnen, was Dreifaltigkeit bedeutet, deren Wesen unendlich vielfältig und doch eins ist: die Liebe. Damit ist dieser eine Gott in drei Personen zwar weiterhin ein Mysterium - wenn wir als allein bestimmenden Wesenszug aber die Liebe begreifen, können selbst menschliche Beziehungen etwas von dieser tiefen Liebe bezeugen. Dann bleibt nur die Aufforderung Jesu an uns alle, die auch konkrete Folgen haben muss: „Noch einmal sage ich euch: Liebt einander!"

Ansprache WGF/EF 18. Sonntag im JK 2014 Hausen/Schonungen

„Karibu sana!" - so wurden Bischof Friedhelm und die ihn begleitende Delegation bei ihrem Besuch in Mbinga immer wieder begrüßt - und ganz besonders in der Pfarrei Nkile am Njassa-See, die von Pfr. Silverius geleitet wird, den wir ja nun schon oft in unserer Pfarreiengemeinschaft begrüßen konnten - und der im September 2014 wieder als Urlaubsvertretung bei uns tätig sein wird. Die im Internet unter „bistum-wuerzburg" verfügbaren zahlreichen Bilder haben mich ganz besonders bewegt - waren wir doch mit einer Gruppe 2012 genau an diesen Orten und in der dortigen Kirche - und das gleiche Erlebnis wird eine Gruppe unter der Leitung von Herrn Wilfried Güntner in diesem Monat erleben können, eine Gruppe, die heute (in diesem Gottesdienst) gesegnet wird und morgen bereits nach Dar-Es-Salam abfliegt.

Was hat sich denn in diesen zwei Jahren dort verändert, werden Sie vielleicht fragen, liebe Schwestern und Brüder? Eigentlich sehr viel - wobei ich nicht so sehr die Einrichtung des Pfarrhauses mit dem notwendigsten Mobiliar und alltäglichen Gebrauchsartikeln wie Teller und Besteck meine, die Pfr. Silverius sich nach unserem Abschied auf dem Rückweg dank zahlreicher Spenden leisten konnte -, sondern der Bau einer Wasserleitung über 7 km Länge, die es erlaubte, frisches Wasser in das Dorf zu bringen - die Lebensgrundlage für die Bevölkerung, die von Fischfang und Maniokanbau lebt. Und das zeigt auch die große Dankbarkeit der dortigen Menschen, die eine neu zu weihende Kirche in einer Außenstation der Pfarrei dem Heiligen Sebastian gewidmet haben, dem Patron unserer Pfarreiengemeinschaft. So entstehen Verbindungen zwischen einzelnen Pfarrgemeinden - oder wie es der Diözesanreferent für Afrika Klaus Veeh ausgedrückt hat: „Die Partnerschaft ist an der Basis angekommen." Der Besuch der Schülerinnen aus Maguu im vergangenen Jahr hat das eindrucksvoll bewiesen - und auch für das kommende Jahr ist ein erneuter Besuch geplant.

Liebe Schwestern und Brüder, wird heute die Ansprache zu einer Nachrichtensendung umgewandelt? Was haben diese Informationen mit den Schrifttexten des heutigen Sonntags zu tun? Sehr viel - wie überhaupt die Leseordnung der Sonn- und Feiertage fast immer einen aktuellen Bezug finden lässt. Was ist der Inhalt der heutigen Lesungen und des Evangeliums? Es geht vor allem um das Essen und die Frage, wer dafür sorgt und welche Bedeutung es für die betroffenen Menschen hat. Die Erste Lesung aus dem Buch Jesaja spricht in recht deutlichen Worten davon, dass die Durstigen zum Wasser des Lebens kommen sollen und dort die besten Speisen erhalten werden, ohne dass eine Bezahlung nötig ist. Doch eine Gegenleistung wird von Gott verlangt - das Hören auf sein Wort! Darin ist bereits der Grundgedanke für Jesu Aussage bei seiner Versuchung in der Wüste gelegt: „Der Mensch lebt nicht nur von Brot, sondern von jedem Wort, das aus Gottes Mund kommt."

Die damaligen Menschen verstanden noch, was Hunger bedeutet - wie sieht es da mit uns aus, die wir im Überfluss leben? Die Zweite Lesung aus dem Römerbrief bestätigt diese Zusage Gottes - Paulus ist sich sicher, dass Gott immer auf der Seite der Menschen ist, dass die Liebe Gottes eine Liebe ist, die in Jesus Christus alles, wirklich alles überwunden hat. Und das Evangelium von der wunderbaren Brotvermehrung? Da geht es nicht so sehr um die Versorgung der vielen Menschen, die Jesus zuhören wollten - wichtiger ist das Gebot an die Jünger: „Gebt ihr ihnen zu essen!" Dann zeigt sich, dass die Jünger nicht ohne die Hilfe Jesu dazu in der Lage sind; er legt die Basis, dass alle im Überfluss haben und noch zwölf Körbe übrig bleiben. Die Brotvermehrung weist die Jüngerinnen und Jünger darauf hin, dass sie sich um die Menschen kümmern sollen - im umfassenden Sinn für Leib, Geist und Seele - aber sich immer wieder bei Gott rückversichern sollen, indem sie auf das Wort des Herrn hören und es befolgen.

Das ist ja schön und gut, könnten Sie meinen, liebe Schwestern und Brüder! ist das vielleicht nur der ideale Rahmen zum Spendensammeln, wenn wir uns um die Menschen in Nkile und Maguu kümmern? Das ist sicher auch wichtig, aber nicht entscheidend: wie schon oben erwähnt, ist die diözesane Partnerschaft, die vor 25 Jahren begann, an der Basis angekommen, d.h. es entstehen Verbindungen von Menschen und Gemeinden, die vom gegenseitigen Austausch geprägt sind. So können wir von den Partnern in Mbinga lernen, wie diese Menschen auf das Wort Gottes hören - die Methode des Bibelteilens, die einige von Ihnen wohl kennen, kommt ja aus Südafrika. Und umgekehrt haben unsere Besuche und unsere Unterstützung einen direkten Einfluss auf das dortige Leben, das noch knappe Ressourcen an Lebensmitteln kennt, wie das Volk Israel in der Ersten Lesung. Die neue Wasserleitung in Nkile wird ja direkt angesprochen, wenn die Durstigen aufgefordert werden, zum Wasser des Lebens zu kommen - und das Wort Gottes hören fast alle der dortigen Bevölkerung. Aber auch die Unterstützung für ein Labor an der Schule in Maguu ist so ein wichtiger Baustein - denn ohne diese Einrichtung kann die dortige Oberstufe des Gymnasiums nicht aufrechterhalten werden. Aufgaben bleiben also noch viele - und unsere Reisegruppe wie auch Pfarrer Silverius werden viel zu berichten haben.

Liebe Schwestern und Brüder,
Papst Franziskus hat in seiner Predigt zu seiner Amtseinführung am 19. März 2013 davon gesprochen, dass die Kirche, ihre Dienstämter und alle Katholiken eine „Hüter-Tätigkeit" gegenüber ihren Mitmenschen ausüben müssen, aber auch gegenüber der Schöpfung. Wir sind also alle verantwortlich für die Verbreitung des Reiches Gottes - übrigens auch für uns selbst. „Hüter" erinnert stark an den guten Hirten - und an Verantwortung für die ganze Welt. Und diese Welt ist nur noch global zu sehen, wie es die katholische Kirche eigentlich immer war. Für uns hier wird das personifiziert durch unseren indischen Vikar Stephen Kulandai, durch

unseren tansanianischen Pfarrer Silverius Mwringa, und in gewissem Sinn auch durch unseren Diakon Georg Kirchner, der 15 Jahre in einem Kloster in Brasilien verbrachte. Und alle drei können gemeinsam beim Pfarrfamilienabend am 7. Oktober in Schonungen - nach der Ewigen Anbetung - ihre Erfahrungen einbringen.

„Drei-Länder-Abend" - das war einmal! „Drei-Kontinente-Abend" - sind wir in unserer Pfarreiengemeinschaft nicht stark? „Bitte Weihrauch einlegen!"

Ansprache WGF 19. Sonntag im JK 2014 Marktsteinach/Abersfeld

Gewitterdonner - aufgewühlte See mit Wellen über 10 Meter - Sturmgeschwindigkeiten über 100 km/h - und ein modernes Kreuzfahrtschiff mit über 3000 Passagieren und 1200 Besatzungsmitgliedern im östlichen Mittelmeer zwischen der Insel Rhodos und Alexandria in Ägypten. So geschehen im Jahr 2009 - und mein Bruder und ich an Bord. Offensichtlich ist uns nichts geschehen - und Gott sei Dank auch sonst keinem Reiseteilnehmer oder einem Angehörigen der Crew. Die geschilderten äußeren Umstände waren zutreffend, liebe Schwestern und Brüder - doch die moderne Technik und die Tatsache, dass der Wind von hinten kam, brachte kaum Erschütterungen, so dass selbst meine Uhr neben dem Bett sich nicht bewegte. Das subjektive Gefühl war jedoch ein anderes - und ich konnte diese Nacht kaum schlafen. Übrigens: der Kapitän wurde von seiner Reederei in Alexandria ausgetauscht - was wir erst viel später erfahren haben - es geht also auch bei italienischen Kreuzfahrtschiffen anders als bei der Costa Concordia...

Nun - Sturm auf dem Meer oder auch auf dem vergleichsweise kleinen See Genezareth - er bringt fast alle Menschen in Furcht und Bedrängnis. Und wenn dann noch etwas über den See gelaufen kommt, dann ist die Angst der Jünger verständlich, so dass sie Jesus mit einem Gespenst vergleichen. Das hören wir öfter in den Evangelien - und jedes Mal hören wir den Ausspruch Jesu: „Fürchtet euch nicht!" Wenn das nur so leicht wäre! Die Nähe Gottes kann furchterregend sein - auch dafür gibt es viele Bibelstellen. Betrachten wir deshalb unsere Schrifttexte unter diesen Aspekten der Gegenwart Gottes!

In der Ersten Lesung aus dem ersten Buch der Könige erleben wir den Propheten Elija am Gottesberg Horeb - nach einer vierzigtägigen Wanderung durch die Wüste. Dort wollte er in einer Höhle übernachten, doch Gott forderte ihn auf, sich auf den

Berg zu stellen. Und dann kam Gott tatsächlich vorbei - aber nicht in einem starken heftigen Sturm oder einem gewaltigen Erdbeben oder einem verzehrenden Feuer. Nein, dieser Gott Abrahams, Isaaks und Jakobs erschien in einem sanften, leisen Säuseln, das Elija vielleicht sogar übersehen hätte, wenn er nicht gerade auf das Kommen des Herrn gewartet hätte. Und er reagiert wie viele Menschen im Ersten Testament, die die unmittelbare Nähe Gottes spüren: er verhüllte sein Gesicht in seinem Mantel und trat vor den Eingang der Höhle. Das ist die Beschreibung einer unmittelbaren Begegnung mit Gott - und sie kommt nicht mit Kraft oder Gewalt, sondern mit einer „Stimme verschwebenden Schweigens", wie es der jüdische Schriftsteller Martin Buber bezeichnet hat, also einem kaum wahrnehmbaren Gefühl der Nähe Gottes, die sich nicht eindeutig fassen oder umschreiben lässt. Deshalb ist es auch heute so wichtig, ständig auf die Spuren der Gegenwart Gottes zu achten - die sich ganz unterschiedlich in unserem Leben zeigen können.

Die Zweite Lesung aus dem Römerbrief spricht von der unumstößlichen Erwählung des Volkes Israel - und der Trauer des Paulus, dass seine israelitischen Schwestern und Brüder nicht an Christus glauben. Der Apostel macht sehr deutlich, dass es das Volk Israel ist, zu dem Gott zuerst gesprochen hat, und aus dem der Messias Jesus dem Fleische nach entstammt - denn „sie sind Israeliten, damit haben sie die Sohnschaft, die Herrlichkeit, die Bundesordnungen, ihnen ist das Gesetz gegeben, der Gottesdienst und die Verheißungen, sie haben die Väter" - eine wahrlich lange Liste für die Auszeichnungen des erwählten Volkes Israel. Und was bedeutet das für unsere Nähe zu Gott? Der christliche Glaube hat seinen Ursprung im Glauben des Volkes Israel - und das dürfen wir nicht vergessen, wenn wir Anzeichen für die Gegenwart Gottes suchen!

Schließlich unser heutiges Evangelium: Matthäus beschreibt die Situation nach der langen Rede Jesu an die Menge und der Aufforderung an seine Jünger, über den See

Genezareth an das andere Ufer zu fahren, wobei er selbst sich eine einsame Erhebung sucht, um zu beten. Und dann passiert das, was ich eingangs schon erwähnt habe: starke Winde, das Boot wurde hin und her gerissen, und dann noch eine Gestalt wie ein Geist oder ein Gespenst, die über den See wandelt. Doch der Herr gibt sich sofort zu erkennen - und nimmt den vor Angst schreienden Jüngern ihre Furcht - mit den Worten: „Habt Vertrauen, ich bin es, fürchtet euch nicht!" Die Jünger spüren die unmittelbare Nähe Gottes, aber in einer gewaltigen Machtdemonstration der Göttlichkeit des Menschensohnes. Das war kein Säuseln, das war ziemlich spektakulär! Warum wohl? Wollte Jesus seinen Jüngern deutlich machen, dass er immer bei ihnen ist, auch bei einem stürmischen Seegang? Oder wollte er ihnen einmal verdeutlichen, wie schwach sie ohne ihn sind? Diese Fragen sind kaum zu beantworten - aber das Verhalten des Petrus zeigt etwas von dem Vertrauen auf Gottes Nähe - und andererseits von der menschlichen Furcht vor dessen Gegenwart. Da sind die beiden Charakteristika für die Begegnung mit dem Göttlichen und Heiligen deutlich geworden: Furcht und Anziehung, mysterium tremendum und mysterium fascinans. Die Jünger sind erschrocken, voller Angst und dennoch fasziniert in dem Moment, wo die Göttlichkeit Jesu durch das Wunder des Wandeins auf dem See erneut offenbar wird. Und was kann das für uns moderne Menschen heißen? Die Gegenwart Jesu im eucharistischen Brot führt uns sicherlich nicht zu Furcht oder Angst vor Gott, die ja auch nicht das Ziel der Begegnung Gottes mit dem Menschen ist - doch eine gewisse Ehrfurcht vor diesem Gott dürfte auch heute noch die richtige Haltung sein, ihm zu begegnen - und das gilt ganz besonders für die Kommunion, die unmittelbarste Begegnung mit Jesus Christus!

Liebe Schwestern und Brüder,
der Gang Jesu über den See Genezareth hat schon zu vielen Scherzen Anlass gegeben - bis zur Installation von Brettern knapp unter der Wasseroberfläche mit entsprechender fotografischer Darstellung. Das Wunder ist aber nicht das

Wesentliche - es verweist nur die Jünger und uns auf die Gegenwart Gottes, deren Spuren wir in unserem Alltag erkennen müssen, ob im Windhauch oder im Sturm. Das habe ich auf dem Kreuzfahrtschiff gespürt und manches Stoßgebet an den Herrn gerichtet - in solchen gefährlich erscheinenden Situationen merken wir meistens die Nähe Gottes!

Wie das die drei Ordensmänner wohl gesehen haben, als sie auch auf dem Galiläischen Meer wandeln wollten? Der Franziskaner machte „Plumps" - der Dominikaner sagte zu dem dritten Mönch: „der hat wohl die Steine nicht gesehen" - worauf der Jesuit nur fragte: „wo sind hier Steine?"

Ansprache WGF 20. Sonntag im JK 2014 Mainberg/Forst

„Beim letzten Ton des Zeitzeichens war es 9.00 h (10.30 h)! Sie hören die Kurznachrichten von Radio St. Sebastian Schonungen:

- Lagos/Nigeria: Mehrere westafrikanische Staaten schlossen ihre Grenzen wegen der Verbreitung des Ebola-Virus.
- San Diego/USA: Trotz starker Grenzbefestigungen strömen immer mehr unbegleitete Kinder und Jugendliche aus Mexiko in die Vereinigten Staaten.
- Duisburg/Nordrhein-Westfalen: Zahlreiche Städte im Ruhrgebiet sind an die Grenzen ihrer finanziellen Belastungen gekommen und können ihre Schulden nicht mehr bezahlen.
- Schweinfurt/Bayern: Mangels beschützender Kurzzeitpflegeeinrichtungen erleben viele pflegende Angehörige physische und psychische Grenzen ihrer täglichen Anstrengungen, vor allem bei dementen Menschen.
- Schonungen-Hausen: Bei der Planung ökumenischer Gottesdienste gibt es Abgrenzungen hinsichtlich sonntäglicher Termine."

Reicht es Ihnen, liebe Schwestern und Brüder? Irgendwie kommt man da selbst an seine Grenzen, vor allem die der ständigen Aufmerksamkeit. Ging es Jesus vielleicht auch so? Wenn man das heutige Evangelium hört, könnte man es meinen - nie geht Jesus so hart und dogmatisch auf die Bitte eines Menschen um Hilfe ein als in diesem Schrifttext. Er sieht sich nur zu dem auserwählten Volk Israel gesandt und vertritt die harte Position der jüdischen Schriftgelehrten, die eine völlige Abgrenzung zu allen anderen nicht jüdischen Menschen propagierten; selbst mit dem verwandten Volk der Samaritaner durfte keine Tischgemeinschaft bestehen. Passt dieses Verhalten Jesu zu seinem sonstigen Tun, vor allem aber zu seiner Lehre von der Nächsten- und Feindesliebe? Eine genauere Betrachtung der heutigen Schrifttexte kann uns dabei helfen!

Schon die Erste Lesung aus dem Buch Jesaja spricht eine Grenze an, die sich daraus ergibt, dass sich die jüdische Bevölkerung - vor allem nach dem Untergang Jerusalems und der Babylonischen Gefangenschaft - in alle umliegenden Gegenden zerstreute und auch fremde Menschen den jüdischen Glauben annahmen. Genau diese Fremden, die nicht von Geburt an Israeliten sind, meint die Perikope aus Jesaja: Jahwe bringt sie zu seinem heiligen Berg, findet Gefallen an ihren Brand- und Schlachtopfern und erfüllt sie in seinem Tempel mit Freude. So soll das Haus Gottes ein Haus des Gebetes für alle Völker sein - welch' fortschrittlicher Gedanke auch für unsere Zeit! Wir haben zwar viele internationale Konzerne und die Vereinten Nationen - aber genauso abgrenzende Gemeinschaften wie die Europäische Union, vor allem in wirtschaftlichen Fragen. Dabei sind es eigentlich nur zwei notwendige Eigenschaften, die im ersten Vers der Lesung genannt sind: „Wahrt das Recht und sorgt für Gerechtigkeit!" Die Vision, ein gemeinsames Haus für alle Völker zu bauen, kann nur dann gelingen, wenn die Völker in Gerechtigkeit zusammenleben. Eigentlich müsste unsere Kirche dabei Vorreiter sein, denn sie ist auf der ganzen Erde vertreten, ein echter „Global Player", wie wir heute sagen; aber auch in ihr gibt es Spaltung, Unfrieden und Ausgrenzung. Doch bei so vielen internationalen Ereignissen wie z.B. Pilgern auf dem Jakobusweg, Soldatenwallfahrten nach Lourdes oder Weltjugendtagen wie in Rio de Janeiro verwirklicht die Kirche sichtbar, dass sie ein Haus des Gebetes für alle Völker sein kann. Und dabei liegt die Betonung auf dem Gebet, damit Gottes Gerechtigkeit in uns wirkt und uns den richtigen Weg zeigt.

Die Zweite Lesung aus dem Römerbrief ist ein Lobpreis der Güte Gottes und verbindet die leidvolle Geschichte zwischen Christen und Juden, die erst im Zweiten Vatikanischen Konzil eine Antwort gefunden hat, indem es an die bleibende Berufung Israels erinnert. Paulus geht in seiner oft komplizierten Ausdrucksweise davon aus, dass wir alle, Juden und Heiden, im Ungehorsam gegenüber Gott eingeschlossen sind. Keiner kann sich daher rühmen, als ob er Gottes Erbarmen nicht nötig hätte, aber trotz des Ungehorsams, in den jeder von uns immer wieder fällt, kann jeder aus dem Volk Israel und aus dem neuen Gottesvolk auf Gottes Treue und seine Gnade vertrauen - denn dieser Gott vergisst nicht seine Verheißungen und schenkt uns immer wieder sein Erbarmen - er kennt eben keine Grenzen für seine unendliche Liebe!

Damit sind wir wieder beim Ausgangspunkt unserer Überlegungen angelangt, bei diesem sperrigen Evangelium. Schon seltsam, dass diesmal die Jünger Jesus auffordern, etwas Gutes zu tun und die lästige Bittstellerin damit loszuwerden; sonst schirmen sie ihn am liebsten ab. Doch diese kanaanäische Frau, die nicht dem Volk Israel angehört, lässt sich nicht mit dem Hinweis auf das auserwählte Volk abwimmeln. Deshalb schreckt sie nicht einmal der harte Vergleich mit dem Brot, das den Kindern Israels vorbehalten ist, und den Hunden, also allen übrigen Menschen, zu denen sie sich zählen kann. Jesus grenzt hier scharf ab - und das können wir heute nicht verstehen - es widerspricht unserem christlichen Grundempfinden. Die Überschreitung einer solchen Grenze braucht einen Anstoß und eine Berechtigung; die Not der Frau und ihr Glaube sind hier die wesentlichen Kriterien. Deshalb verweist die Frau auf die Krümel, die vom Tisch fallen, denn das geweihte Brot durfte nicht an Tiere verfüttert werden; Jesus gibt ihr aber nicht nur kleine Partikel, sondern einen ganzen Brotkorb, wenn man in diesem Vergleich bleiben will, denn ihre Tochter war geheilt. Beharrlichkeit und Geduld führen hier zum Ziel - wollen auch wir nicht alles sofort von Gott erhalten, wenn wir ihn schon einmal bitten? Das Evangelium lehrt uns, dass Gott Grenzen aufheben kann und uns das geben wird, was wir brauchen, aber er möchte es auf unsere Bitten und unseren Glauben hin tun. Und wie sieht es da mit unseren menschlichen Be- und Abgrenzungen aus?

Kommen wir nochmals auf die Kurznachrichten von Radio St. Sebastian zurück! Viele der dort genannten Grenzen können wir kaum beeinflussen, zumindest nicht als

Individuen. Aber gemeinsam lässt sich da schon manches erreichen - ich will es im Folgenden konkretisieren:

- Sind ständige Reisen in aller Herren Länder eigentlich nötig? (Eine Anfrage gerade an mich!)
- Informieren die Medien überhaupt über die Ungerechtigkeiten an der mexikanischen Grenze - könnte da nicht eine Flut von Leserbriefen helfen?
- Wählen wir die richtigen Stadt- und Gemeinderäte, die ein Auge auf die Verschuldung unserer Kommunen haben?
- Fordern wir die Pflegekassen auf, Kurzzeitpflege besser zu bezahlen?
- Nutzen wir alle Chancen für eine ökumenische Zusammenarbeit in unserer Pfarreiengemeinschaft?

Liebe Schwestern und Brüder,
eine relativ lange Ansprache - hoffentlich habe ich die Grenzen Ihrer Aufmerksamkeit nicht zu sehr strapaziert! Grenzsituationen erleben wir oft in unserem Alltag - und ich wünsche Ihnen - und auch mir - Menschen, die uns helfen, solche Grenzen zu überwinden! Dann wird auch diese Kirche ein Haus des Gebetes für alle Völker - wie es eine Antiphon ausdrückt, die zur Weihe der Schonunger Pfarrkirche 1961 komponiert wurde:
„Mein Haus ist ein Haus des Gebetes - wer bittet, empfängt, wer suchet, der findet, wer anklopft, dem wird aufgetan."

Ansprache WGF Darstellung des Herrn 14 Mainberg/Waldsachsen

Gibt es heilige Zahlen, liebe Schwestern und Brüder? Nun, da könnten wir uns etliche vorstellen, von „drei" wie Dreifaltigkeit oder „sieben" wie Sakramente. Aber auch die Zahl „40" kommt öfter im liturgischen Jahr vor: die wohl bekannteste ist die österliche Bußzeit, auch Quadragesima genannt - und dann sind es vom Hochfest der Auferstehung Jesu bis zu Christi Himmelfahrt ebenfalls vierzig Tage. Aber es gibt noch eine dritte Zeit - nämlich die zwischen Weihnachten und dem heutigen Festtag - auch hier sind 40 Tage vergangen - und vor dem 2. Vatikanischen Konzil endete damit die Weihnachtszeit. Aber woher kommt eigentlich die Zahl 40 in diesem Zusammenhang?

Da müssen wir schon das Erste Testament befragen: nach jüdischer Lehre wurde eine Frau durch die Geburt eines Kindes kultisch unrein - und erst nach 40 Tagen trat wieder die Reinigung ein, die mit einem Opfer im Tempel verbunden war. Diese Vorstellung hielt sich auch während der Zeit des Mittelalters und prägte den früheren Namen des Festes „Mariä Reinigung". Während die Ostkirchen an diesem Datum vom „Fest der Begegnung" sprechen, wurde in den westlichen Kirchen die Lichterprozession das wesentliche Element, was auch zu dem uns heute noch bekannten Namen „Maria Lichtmess" führte. Doch dieser Gedanke an Jesus, dem Licht der Welt, stammt aus einer heidnischen Vorstellung, die im Römischen Reich verbreitet war als Umkreisung eines Stadtgebietes unter Verrichtung verschiedener Gebete - erneut ein Beispiel für die Übernahme und Umdeutung außerchristlicher Bräuche. So treffen sich an diesem Fest mehrere Traditionsstränge, die man noch erweitern kann, wenn man an den Blasiussegen denkt.

Das Licht der Welt, das sich in dem Kind Jesus der Welt zeigt, ist vorhergesagt in den Bildern des Propheten Maleachi über die Reinigung des Stammes Levi, also der

Priesterkaste, gedeutet im Hebräerbrief als Mensch, der uns in allem gleich ist, und gepriesen durch Simeon und Hanna, den Vertretern des Alten Bundes, wie es uns Lukas überliefert. Jesus überwindet das Dunkel auf dieser Erde - er wird seinem Volk Israel Herrlichkeit bringen und allen Völkern die Erleuchtung, wie es der Lobgesang des Simeon ausdrückt, den wir gerade vor der Ansprache gehört haben. Und dieses Licht ist auch uns verheißen, liebe Schwestern und Brüder, die wir 40 Tage nach Weihnachten Gott danken wollen für seine Ankunft und für alles Gute, das er uns geschenkt hat. Und ich wünsche Ihnen und mir, dass wir am Ende unseres Lebens mit Simeon ausrufen können: „Nun lässt du Herr, deinen Knecht, deine Magd, in Frieden scheiden!"

Ansprache WGF Hochfest Maria, Patrona Bavariae 2014 Schonungen

„Patrona Bavariae" - „Patronin des Landes Bayern" - könnte man da nicht gleich ein eigenes Bundesland Franken fordern, liebe Schwestern und Brüder, oder beschränken wir diesen Begriff auf „Altbayern"? Nun, das heutige Hochfest ist wohl nicht geeignet, die landsmannschaftlichen Unterschiede zwischen Franken und den übrigen bayerischen Stämmen zu betonen - zumal es ja auch die „Herzogin Frankens" gibt, die in unserer Diözese Würzburg besonders gern besungen wird. Aber es steckt schon viel geschichtliche Erfahrung in der Verehrung der Gottesmutter als Schutzpatronin des bayerischen Landes, die sich vor allem seit der Marienweihe im Dreißigjährigen Krieg entwickelt hat - und in diesem Jahr am 17.5. eine Wallfahrt aller bayerischer Bistümer nach Retzbach veranlasst hat.

Die Lesungstexte des heutigen Hochfestes haben mit diesem Ereignis auf den ersten Blick nichts zu tun: die Erste Lesung aus der Offenbarung des Johannes beschreibt in zahlreichen Bildern eine Frau, die von Dämonen bedroht ist, die jedoch einen Sohn zur Welt bringt, der die Herrschaft Gottes vollendet; die Zweite Lesung aus dem Brief des Apostels Paulus an die Galater spricht davon, dass Gott seinen Sohn in die Welt sandte, der von einer Frau geboren wird, eines der ganz seltenen Hinweise auf Maria in den Schriften des Neuen Testamentes; das Evangelium nach Johannes schließlich erzählt uns die bekannte Geschichte von der Hochzeit zu Kana und dem ersten Wunder Jesu. Alle diese Texte passen irgendwie nicht zu dem heutigen Hochfest - zumal die Altbayern ja auch keinen Wein, sondern bekanntermaßen nur Bier kennen.

Trotzdem fallen mir bei längerem Nachdenken Parallelen zum Evangelium ein! Denn Jesus ist auf einer Hochzeit zu Gast, die damals eine ganze Woche dauern konnte, soweit es die finanziellen Mittel des Bräutigams erlaubten - da konnte auch der Wein leicht ausgehen. Jesus war - und das zieht sich durch alle Evangelien durch - kein Kostverächter - er nahm an vielen Gastmählern teil, auch solchen der führenden Pharisäer und Schriftgelehrten. Und das passt dann wieder zu der bayerischen - und auch fränkischen - Lebensart. Wie heißt es so schön: „Kirche und Wirtshaus gehören zusammen!" Leider stimmt dieses Duett in vielen Gemeinden nicht mehr - die Kirche wird immer leerer - und die Gaststätte ist schon lange geschlossen. Ob Maria da helfen kann?

Damit sind wir bei einer zweiten Parallele: Maria kümmert sich um Sorgen des Bräutigams, denn sie bittet die Diener, die Wasserkrüge zu füllen - und sie nimmt es sogar in Kauf, von ihrem Sohn auf eine hochmütige Weise angefahren zu werden. Darin können wir die Mutter Gottes als einen wahren Beistand und eine wirkliche Fürsprecherin auch in ganz menschlichen Sorgen erkennen. Und „Patronin" heißt ja auch nichts anderes als „Schutzherrin" - und diesen Schutz konnten die Menschen im 17. Jahrhundert genauso brauchen wie wir heute!

Liebe Schwestern und Brüder,
mit dem heutigen Hochfest beginnt der Maienmonat, der besonders der Verehrung der Herzogin Frankens gewidmet ist. Nutzen wir also die angebotenen Maiandachten und die zahlreichen Prozessionen, die sich in diesem Jahr in diesem Monat ballen, um die Gottesmutter Maria auch für uns als Schutzpatronin zu erfahren. Amen.

Ansprache WGF Hochfest der Frankenapostel 2014 Löffelsterz/Forst

Kennen Sie Irland, liebe Schwestern und Brüder? Die westlichste Insel Europas - voller grüner Wiesen, regenreicher Landschaften und Whiskey gestählter Bewohner? Oder auch ein Zentrum verschiedener Weltkonzerne - angelockt durch extrem niedrige Steuersätze und mitverantwortlich für die europäische Finanzkrise? Beides gehört zum modernen Irland - doch ich möchte in dieser Ansprache weit zurückgehen, in das 7. Jahrhundert nach Christus. Und daran schuld sind unsere drei Wanderprediger Kilian, Kolonat und Totnan, deren Fest wir heute in der ganzen Diözese und eine ganze Woche im Würzburger Dom feiern. Was war also in grauer Vorzeit?

Die Insel Irland war natürlich schon länger besiedelt, als um das Jahr 500 das Christentum dort Fuß fasste. Der Nationalheilige Irlands, St. Patrick, hat einen der wichtigsten Hochkönige von der Botschaft Christi überzeugen können, so dass sich bald viele Menschen taufen ließen. Doch behielt das Christentum noch manche keltische Züge und eine recht eigenwillige Kirchenstruktur. Neben etlichen Einsiedeleien waren vor allem Klostergemeinschaften prägend, die von einem Abt geleitet wurden, der wie viele der Mönche nicht unbedingt zum Priester geweiht war. Natürlich gab es in fast allen Klöstern auch Priester und sogar Bischöfe, jedoch keine diözesane Landschaft nach römischem Vorbild. Und die innere Ordnung der monastischen Gemeinschaften zeugte von großer Askese und Strenge, die dem rauen Klima der Insel angepasst war. Warum diese vielen Erklärungen, werden Sie sich vielleicht fragen, liebe Schwestern und Brüder?

Die Antwort ist einfach: unsere Frankenapostel stammten aus dieser christlichen Welt - und ihre Herkunft erklärt ihren Missionsstil und ihre Unnachgiebigkeit auch in moralischen Fragen. Schon das Verlassen der eigenen Heimat zeigt die unmittelbare

Nachfolge Jesu, der ja selbst kein Dach über dem Kopf hatte - im Gegensatz zu Füchsen und Vögeln; die Verkündigung der Botschaft Jesu als Wanderprediger ist auch im öffentlichen Leben Jesu charakteristisch; schließlich sind auch zahlreiche Entbehrungen und der Tod um des Glaubens willen Parallelen zu Jesu Leiden und Sterben. Als Jünger Jesu haben sich also Kilian und seine Gefährten auf den Weg gemacht - und den bereits vorhandenen christlichen Bodensatz neubelebt. Was hat das aber mit uns heute zu tun?

Ich glaube, sehr viel! Das ursprüngliche und eigenwillige, aber auch kraftvolle Christentum des irischen Frühmittelalters ist auch dort einige Jahrhunderte später kaum noch zu finden. Und noch weniger scheint es in unsere Zeit zu passen - so wie es heute auch nicht auf der grünen Insel verstanden würde. Doch etwas kann man auch im 21. Jahrhundert noch davon lernen: eine unverfälschte und auch kernige Verkündigung der Botschaft Jesu ist notwendig und machbar. Dabei geht es mir nicht um moralischen Rigorismus, sondern um eine klare Sprache und eine konsequente Ausrichtung. Ein Beispiel gefällig?

Die erste Seligpreisung des heutigen Evangeliums lautet: „Selig, die arm sind vor Gott, denn ihnen gehört das Himmelreich." Wie viele Deutungen sind da erfolgt - wobei man manchmal den Eindruck haben kann, dass die Ausleger „arm im Geist" sind. Und diese Seligpreisung ist keine Vertröstung auf das Jenseits - schließlich heißt es: „selig sind..." und nicht „selig werden sein..."! Das ist die direkte Zusage Gottes - und der Stachel im Fleisch und im Geldbeutel jedes modernen Menschen, zumindest in unseren Breiten! Deshalb meint Jesus auch uns - und da geht es nicht nur um gute Taten oder viele Spenden, es geht vielmehr um eine innere Haltung der Demut und des Bewusstseins, vor dem allmächtigen und barmherzigen Gott meistens zu versagen. Aber gerade dann, wenn wir diese Haltung verinnerlicht haben, sind wir seliggepriesen - denn aus ihr entstehen Taten der Nächstenliebe.

Liebe Schwestern und Brüder,

war das nicht ein irrsinnig langer Weg - von Irland ausgehend über die Frankenapostel zu den Seligpreisungen des Evangeliums? Doch auch Kilian und seine Gefährten sind diesen Weg gegangen - bis zum bitteren Ende. Wer die Ursprünge der Kirche von Würzburg etwas besser kennenlernen will, sollte vielleicht eine Reise auf die grüne Insel unternehmen - so wie es vor einigen Monaten Menschen auch aus unseren Pfarreiengemeinschaften getan haben. Und sie werden erkennen, dass lr(r)land nicht den Park von Schloss Werneck meint, sondern eine zwar raue, aber von liebenswerten Menschen bewohnte Insel ist. Wie heißt es in einem englischsprachigen Begriff: „back to the roots" „zurück zu den Wurzeln"?

Die Frankenapostel Kilian, Kolonat und Totnan sind Wegbereiter und Zeugen. Amen. Halleluja!

Ansprache Hochfest Mariä Aufnahme in den Himmel 2014 Hausen

Das vergangene 20. Jahrhundert, das viele von Ihnen, liebe Schwestern und Brüder, ganz bewusst erlebt haben, wurde das „Jahrhundert der Märtyrer" genannt. Denken wir nur an den Beginn des Ersten Weltkriegs vor 100 Jahren oder dem Zweiten vor 75 Jahren oder an den Holocaust an den Juden, den Genozid der Roten Khmer oder Verfolgungen zahlreicher Christen. Aber unser 21. Jahrhundert erscheint da überhaupt nicht besser, wenn wir die aktuellen Nachrichten hören: Vertreibungen und Kämpfe im Nahen Osten, das Auslöschen uralter christlicher Konfessionen, Bürgerkriege in Afrika und das Austragen eines Jahrhunderte alten fundamentalen Konflikts zwischen Sunna und Schia. Was für eine Welt des immerwährenden Streits und der Gewalt, oft auch aus religiösen Motiven!

Wie passt diese Beschreibung zum heutigen Hochfest der Aufnahme Mariens in den Himmel? Eine Szene, die nicht in der Heiligen Schrift überliefert ist, um die sich aber viele Legenden ranken - angefangen mit dem Blütenwunder am leeren Grab der Gottesmutter über die Bezeichnung des Festes in der orthodoxen Liturgie als „Maria Entschlafung" bis zu absurden Vorstellungen über Himmelfahrten im Stil einer Raumsonde. Das entscheidende Wort ist dabei: „Aufnahme" - d.h. Maria ist nicht aus eigener Kraft mit Leib und Seele in den Himmel aufgestiegen, sondern sie verdankt ihre Aufnahme in die Ewigkeit allein dem Willen des dreifaltigen Gottes und ihrer Unberührtheit von jeder Sünde. Deshalb ist sie ein Vorbild für uns alle, ganz besonders für unser eigenes Sterben und unsere Auferstehung am Ende der Zeiten. Maria als die Mutter Gottes ist der erste und einzige Mensch, der mit Leib und Seele zu Gott aufgenommen wurde - und deshalb auch zur Mutter Kirche wurde.

Damit wären wir, liebe Schwestern und Brüder, bei der Ersten Lesung aus der Offenbarung des Johannes, dem letzten Buch des NT - schwer verständlich und in einer mysteriösen Sprache verfasst. Auch unsere Textstelle spricht von einem furchterregenden Drachen, der das erwartete Kind der hochschwangeren Frau verschlingen will. Im Bild dieses Drachen können auch wir alles Schreckliche auf dieser Erde fokussieren - und im Bild der Frau entweder Maria oder die Kirche sehen - eine alte theologische Streitfrage. Doch ist das nicht entscheidend, denn die Gestalt Marias war schon immer offen für die Kirche, was ja gerade vor dem Pfingstereignis in der Apostelgeschichte beschrieben ist. Wichtiger ist, dass die Verfolgungen vieler Menschen, besonders aber auch der Christen, eine große Aktualität hat - wie ich es eingangs beschrieben habe. Doch enthält der Schrifttext zwei Hoffnungszeichen: zum einen wird der Frau in der Wüste ein Zufluchtsort bereitet - zum anderen wird die Kirche selbst von Gott bewahrt werden, da weder der Drache noch die Pforten der Unterwelt sie überwältigen können, wie es das Matthäus-Evangelium in seinen letzten Versen beschreibt. Der letzte Satz der Ersten Lesung drückt es jubelnd aus: „Jetzt ist er da, der rettende Sieg, die Macht und die Herrschaft unseres Gottes und die Vollmacht seines Gesalbten!"

Liebe Schwestern und Brüder,
das ist es, was wir an diesem Hochfest feiern: mit der Geburt Jesu tritt Gott seine Herrschaft an - und diese Herrschaft findet ihren sichtbaren Ausdruck in der Vollendung der Mutter Jesu, in der Aufnahme Marias mit Leib und Seele in den Himmel. Maria Himmelfahrt ist deshalb vor allem im katholischen Ober- und Niederbayern ein ganz besonderes Fest - und auch wir Franken sind ein altehrwürdiges Marienland. Mit dieser Zuversicht werden zwar die Bedrohungen der Christen auf der ganzen Welt nicht weniger noch wird die Gewalt und der brutale Kampf allein aus menschlicher Sicht nachlassen - mit Gottes Hilfe können aber auch wir seine unendliche Liebe und Barmherzigkeit verkünden und bezeugen - und so an einer Welt des Friedens mit bauen.
Maria, hilf uns all' - in diesem Jammertal! Amen.

Printed by Books on Demand GmbH, Norderstedt / Germany